Reading your love story.
愛情修習課，
讓愛長大。
讀愛
——從新手到達人的愛情修習課
萱小蕾◎著
原書名：胡亂猜疑之升級版 — 女版柯南尋愛記

編輯序 Editor

誰是下一個女版愛情柯南？

妳是否發現，在某些男人口中，好像女人天生就是紅顏禍水，天生就該被猜忌、懷疑，甚至是責備的對象，可是在這一切矛頭指向的背後呢？原來所有的指控，全是某些男人在指責女人：愛說謊、愛劈腿、愛拜金、愛比較……他們不惜用一切惡毒的語言中傷曾深深愛過，甚至可能依舊愛著他們的女人，原因無他，只為了能擺脫這傻女人，好讓他們去尋找所謂的「真愛」。至此我們才恍然大悟，原來，這一切不過是那些男人為女人設下的一個圈套而已！

為什麼在愛情裡，女人老是陷入被動的處境？我想，絕對和那些男人為自己的心虛做了完美掩飾大有關係。因為，他們總會在妳不小心看到他的曖昧簡訊後，先發制人指責妳小心眼；總會在妳親眼目睹他與同事的親暱動作後，指責妳無理取鬧；甚至會在妳當場抓到他與小情人纏綿悱惻時，指責妳平常對他不夠溫柔、不夠體貼……千錯萬錯，都是女人的錯!?看到了吧，男人總是這麼振振有詞、咄咄逼人。

如果妳被這些莫須有的指責嚇到了，那麼，這段戀情確實只能以失敗收場。妳的兩行傷心淚，那個負心漢是看不到的，當然更不會關心，這時妳才意識到：原來在這場愛情中，受傷的只有妳自己，接著，妳說自己「再也不相信愛情」……多麼無奈又多麼熟悉，這是每個女人都經歷過的故事。

可即使失落也不必放棄，畢竟，愛的延續才能成就最完美的幸福。不過，從今天開始，別再當個「傻呼呼的好女人」了，因為，關鍵時刻做個能洞察一切的聰明女人、智慧女人，更能幫助妳找到真愛！

如果，你們還未正式交往，只是兩顆驛動的心，那麼千萬別被這莫名的悸動所蒙蔽，擦亮眼睛，多看看他身邊的人際關係和生活交際吧！也許妳會赫然發現，這個男人原來同時和好幾個女人玩著曖昧的愛情遊戲。

如果，妳已經深陷在一場戀愛中，酸酸甜甜的浪漫氛圍把妳籠罩在雲裡霧裡，千萬要時時提醒自己，多留心另一半是否有欺瞞的嫌疑，千萬不要被他看似有理的指責所嚇倒，因為這關乎妳的愛情權益，難道妳真覺得「不知道真相比較幸福」嗎？

如果，你們已踏入婚姻，相守相伴了好多年，有一天他忽然變得不一樣了，不要懷疑，這男人多半已嚐到了野花的香，這時妳可以選擇及時扼殺外遇萌芽，當然也可以放手離去……總之，決定權在妳。

女人，從現在開始提升自己的敏銳度吧！有時多疑和猜忌並非完全有害的，在愛情和婚姻中，適時加入一點點的疑慮，能讓妳更瞭解自己的戀人和愛情，也能幫助妳守護那份來之不易、稍縱即逝的幸福。

做個像柯南一樣的女人！敏銳地洞察男人搞鬼的蛛絲馬跡，看穿男人的小謊言，聰明地去抵禦不該出現的入侵者，更重要的是，拆穿那些壞男人的陰謀、騙子男的偽裝、輕佻男的做作……讓愛情和婚姻中可恨的欺騙無所遁形！

妳，就是下一個女版愛情柯南！

作者序 Preface

慧眼識「好男」

撰寫這本教女人如何看懂、看清男人的書，在寫作過程中曾多次遭朋友鄙視，言下之意是：「若都像妳講的這樣，將男人看得清清楚楚、明明白白，那麼戀愛、婚姻還有什麼意思？」

很多人說，糊塗的女人可以少一點婚戀的煩惱，相比之下也更幸福。我可不認同，愛情中的女人可以糊塗，但這個糊塗只可以用在識破他、看穿他之後的遺忘裡。如果還想與他真心相處，繼續經營這一段情，那就絕對不能在愛裡裝糊塗。

花花世界裡，諸多男人以愛之名投身情感遊戲：在戀愛之初跟女人曖昧不清，或是在戀愛中腳踏多條船，以各種目的向妳靠近，或是在婚姻裡受不了誘惑出軌變心，男人誠然是種奇怪的動物，他們的心好似隱形的劍，總在擾亂妳心扉的時刻給妳致命一擊。時光荏苒，青春易逝。好女人的青春，何苦耗在那些不值得珍惜的男人身上？

所以，看清一個男人是否真心、是否值得深愛，是妳在深入一段戀情前的首要之務。

女人想看清男人，有的是辦法。為了看清他們，女人不得不擦亮眼睛、學會深謀遠慮、謀定而後動，這種多疑並不會讓妳的愛情分崩離析，因為一個男人是否值得信任，應該著眼在他的行動和表現上。若男人早就表現異常了，女人還要在不安中裝糊塗，裝大方、假灑脫，那就太傻了。被說傻倒也沒關係，但是浪費時間、精力和感情，在一個不愛自己或變了心的男人身上，就得不償失了。

識君人品，識君行為，識君真心與否。在戀愛之初，識他，疑他，是為了定他的人品；在戀愛進行中，猜他，疑他，是為了知道雙方的愛是否平衡；在熱情淡去時，激他，疑他，是為了看清他的抉擇，隨之放手、別離或者繼續攜手前行；直到戀愛結束，我們不再疑他，收拾眼淚，果斷離開。

相信我，天底下沒有一個好女人可以用愛去感化一個壞男人，生活不是電影，那些浪漫唯美的結果不會在現實中出現，假使真的出現了，也不過曇花一現。當然，好女人大可以嘗試去愛一個男人的全部，至於他會不會變得更好，一切自有時間來檢驗。

愛情不能自欺欺人，睜開眼睛看清真相，哪怕真相很殘酷，卻可以阻止妳陷入更深的泥沼，也可以成為妳重生的起點。所以，學會識人、疑人、察人，時時保持警覺，不要讓假象遮蔽雙眼，讓它們有跡可循，讓它們無形可遁。

聰明的女人，從來不需放下自尊去糾纏，委屈求全。真正的愛情，也從來不需要妳低進塵埃裡，就算要低，也要找到一個願意和妳一起勇闖愛情的人。

目錄 ▾ CONTENTS

PART 1 他是誰？

PART 2 妳，被他盯上了？

PART 3 遊戲 or 愛情？

PART 4 「獵手」有陰謀？

PART 5 真有那麼忙？

PART 6 最熟悉的「假面」？

PART 7 再見——另有真相？

PART 1

他是誰？

「男人不壞女人不愛」只是個傳說，

真相應該是「壞壞不能愛」。

他是草莓男嗎？

疑點

他外表光鮮誘人如草莓，帥氣有型，美好亮麗。他跟妳花前月下訴不盡甜言蜜語，浪漫纏綿，愛意深遠。但是，他真能食得人間煙火嗎？他的內在是否也如外表一樣讓人賞心悅目，還是像草莓一樣經不起擠壓呢？

線索

遇上這樣的男人，還是別相信那些不食人間煙火的夢幻童話吧！

Q

安藍的男友Mike最近又跳槽了。據安藍說，這是Mike畢業兩年後第三次換公司。說起Mike，名校畢業，內在有料，外表風流倜儻，是個放在人群裡一眼就可以挑出來的矚目焦點，工作能力也沒有問題，所以被炒魷魚的可能性很小。那麼，為什麼他這樣頻繁地跳槽呢？

我問安藍，清楚他離職的具體原因嗎？

安藍說，Mike每次辭職時都抱怨工作太沒挑戰性或是沒前途。又說那種小公司營業額沒多少，卻給員工那麼大的壓力。於是，每當Mike覺得工作有點累的時候，不由分說就會選擇跳槽。

我提醒安藍，Mike這樣的情況簡直就像個跳蚤，工作上如此就算了，**小心愛情上也如此「居無定所」**。

安藍一聽，臉色沉下來。聽她一訴說，才知道Mike其實也跟她提過幾次分手，原因很瑣碎。有次他們兩人同租的房子到期，續約得再繳一年份的房租，眼見限期將至，Mike卻像忘記了一樣，還跑去百貨公司買名牌衣服。回來時，安藍抱怨說：「過幾天就要交房租了，你還只顧著打扮，到時錢湊不齊怎麼辦？都怪你，平時花錢如流水，一點積蓄都沒有。」

Mike一聽就生氣了，馬上說：「那就分手吧，妳去找個有房、有車、有積蓄的男人不就好了！」

安藍當時氣得直掉眼淚，但又怎麼能說分就分呢！於是只好自己想辦法四處找朋友湊齊房租。其實安藍知道，Mike薪水不算低，要是他克制一下平時隨意亂花錢的習慣，也就不至於這樣窘迫。

可是站在鏡子前左右欣賞自己帥氣有型的Mike，還振振有詞地說：「人靠衣裝，要是外表都搞不定，在外面要怎麼混？」這樣的Mike，一到需要花錢的關鍵時刻就沒轍了。要麼把問題推給安藍，要麼就找家裡父母幫忙收爛攤。

Mike家就他一個兒子，父母一向有求必應。所以一旦碰到壓力，Mike每次都推給別人去處理。安藍解決不了的，就要父母去解決。

我問安藍：「他是不是從沒跟妳提過結婚的事？是不是經常挑妳的缺點和不足？是不是遇到大事都要找家人朋友商量出主意？工作是不是一遇到不如意就想逃跑？甚至是吵架時，他也不會正面跟妳理論？」

安藍呆呆看著我，一邊不停點頭，一副「你怎麼都知道」的模樣。

我提醒安藍，他這樣的情況就像草莓，外表看起來光鮮亮麗，美好誘人，可是內在根本經不起擠壓，一遇到壓力和困難時，就會變成一團稀泥。而且草莓還分很多種，根據他平時的表現，可以看出是跳蚤草莓，還是牆頭草草莓，又或是空心草莓。

安藍一一對應Mike的表現，覺得他的確就是上述幾種不折不扣的草莓男。為了不冤枉Mike，安藍還聯繫了他以前公司的同事。問起Mike辭職的原因，同事表示，是因為老闆派給Mike的任務頗為重大，要從出了名難搞的客戶手中拿下案子。Mike堅持沒多久就放棄了。老闆很不高興，因為他相信，憑Mike的能力是可以拿下來的。可是Mike寧願提出辭呈，也不想去面對這個難題。

至於牆頭草的表現，很顯然，安藍平時經常被Mike指責缺點，什麼朋友說安藍不夠溫柔，又或是父母嫌安藍太瘦弱，抑或是某個同事見過安藍後，說她打扮太中性。如此種種，安藍細細想起來，才覺得Mike的確沒有主見。別人說什麼他就信，任由外人挑剔自己女朋友的缺點，當然更談不上擔當和包容。

安藍想著想著，不禁落下淚來。她回想跟Mike在一起這幾年，發現自己變得越來越獨立，遇到困難都自己解決。因為，即使說給Mike聽，他卻表現得比她還不知所措。不能幫忙解決問題就算了，他反而還常向安藍訴苦，有時說到自己的委屈，還忍不住流淚。

釐清Mike這些表現，綜合分析之後，安藍和我都非常肯定Mike是個中看不中用的草莓男。**和這樣的男人談戀愛，有時妳會被他的脆弱溫和所欺騙，不由自主也無可奈何地擔起你們生活中的共同壓力。**但他們又特別注重外表，當妳面對一個光鮮亮麗、帥氣有型的美男時，總忍不住出現包容和不捨的心理，於是繼續糾纏下去。

但結局卻是，這段感情始終看不到終點，因為草莓男只想一直享受戀愛的浪漫和單身的輕鬆，不願承擔婚後共組家庭的責任。面對瑣事和生活壓力時，他們完全手足無措，只想逃避，如果逃避不了，就很輕易被擠爛壓扁。

所以，當妳看到一個男人總是和妳談花前月下，卻從不過問柴米油鹽，而且衣著雖光鮮，銀行和錢包卻空空如也，遇事還要請示父母朋友時，一定要確認一下，他是不是就是所謂的草莓男。若不幸遇上了，務必及時抽身，不要被他的外表矇騙，白費了自己的青春。

見招拆招

生活無處不壓力，草莓男若不改變，早晚會被擠爛壓扁，變得一無是處。現實生活講究的是務實：「從此過著幸福快樂的日子」這種美好想像，永遠只會停留在浪漫偶像劇裡男女主角牽手之後。

疑似次品男？

疑點

他跟妳隔空相識，相談甚歡。但他不主動、不拒絕，也不會對妳的花容月貌表現出積極熱情的窺視之態。他讓妳覺得他低調神祕，並吊足妳的胃口。當妳拋開他所顧慮的外表、身分，以及現實中種種缺點，傾心於他時，他便打著愛的幌子邀妳上床。

線索

遇見這樣的次品男，自然，速速撤離是明哲保身的唯一辦法。

Mary告訴我，她最近在網路上遇到一個男人，相談甚歡。男人很少主動聯繫Mary，可是當Mary聯繫他時，他又十分熱情地回應。若妳遇上這樣的男人，要如何打開對方的「心扉」呢？

我的建議是，要Mary直接問那個男人：為何不主動聯繫她？Mary得到的答案是，男人說自己長相一般，也沒什麼錢，所以不敢窺視如花似玉、光鮮亮麗的Mary。

的確，Mary曾把自己的生活照傳給男人。素顏清新，是沒有修飾過的真實面貌。我和Mary因此更好奇男人到底長什麼樣？個子矮？殘疾？還是其他別的原因？

Mary一時也不想放棄這個跟自己十分聊得來的男人，認為男人的長相並不是關鍵，主要還是看後天的氣質和素養。所以Mary百折不撓，積極想要取得對方的信任，於是仍然主動聯繫，噓寒問暖，無微不至。

但我一直提醒Mary，不要急著說喜歡或愛。小心遇到次品男，到時無法收場就麻煩了。

Mary跟男人的關係一直保持在「友達以上，戀人未滿」的階段，後來Mary告訴我，男人說他有去相親，還參加相親派對。但男人說沒有遇到中意的對象，只是服從父母命令去交差罷了。他甚至一一挑出那些相親對象的缺點，什麼個子不夠高、性格太傲慢，或是打扮不是他喜歡的風格。種種瑣碎的原因，在Mary聽來，還喜孜孜地覺得男人一定是因為認識了她，才會看別人都不順眼。

可據我分析，男人應該是屬於個性挑剔的那一類。並非為了誰而嫌棄別的對象，其實每個人都有缺點，男人相親時第一眼挑的缺點，不過都是些無關緊要的小事。**相親看對象又不是挑大白菜，不能第一眼覺得不好就放棄，或是走馬看花**。總的來說，還是需要透過相處來慢慢發現和瞭解對方才對。彼此適不適合，時間可以證明。

若男人真如我分析的一樣，那麼就算他有錢有貌，也會被分到次品男這一類。因為跟太挑剔的人一起過日子，妳做得再好，都無法盡如他意，到頭來豈不累死自己。

Mary聽了覺得有道理，但還想繼續考察一番。當她終於說服男人接受和她視訊時，才發現男人只是不夠自信而已。男人長相並不差，可是，他留著長髮，一臉凌亂的鬍子沒刮，白襯衫衣領有皺褶，還有點變色，身後屋內背景髒亂，雖然看上去房子並不差，但似乎沒有在整理。

這麼看來，男人不但沒自信，而且行為邋遢。不光如此，態度也不夠主動。

我勸Mary趕緊放棄這個男人，一個有自信的男人，才會有陽光的一面去應對社會的壓力，也才能發揮自己的潛力和價值，**而且，男人可以不帥，卻不可以不修邊幅**，就算是藝術家，也沒必要把自己弄得長髮亂舞才覺得有型。

Mary有點動搖，於是冷了下來，但又不好馬上和對方斷了聯繫，這樣意圖太明顯了，畢竟才見過真面目就立刻變得冷淡，會讓人認為妳以貌取人，是膚淺的「外貌協會」會員。

所以，Mary上網時，還是會偶爾跟男人打個招呼，如此一來，男人反而覺得Mary見過自己長相後還願意繼續聯繫，想必對自己有意，於是一反常態，不僅變得主動，甚至還要求見面，並且說出了「我愛妳」。告白後，兩人關係變得有些微妙。Mary又開始動搖，覺得男人也是可塑之才，至於外表和衛生習慣，總是可以改變和解決的嘛！

所以，兩人約了見面。見面那天晚上，我收到Mary發的簡訊，要我隔一會兒打電話給她，假裝有事要她回家。果然不出我所料，男人居然求Mary別回家，用盡各種甜言蜜語表達相思和想念，目的不過只有一個——要帶Mary去開房間。

Mary有點嚇到，在我趕去護駕後匆匆離開。

後來，面對男人的糾纏，Mary有點吃不消了。礙於自己從前也熱絡過，只好勉強招架應付。我突然想起，要Mary去查查男人的家庭背景。因為Mary說過，男人網路上的個人簡介欄一直空著，沒有相片，沒有資料。其實，除了兩人相談甚歡，Mary發現男人對自己的真實生活，全憑他自己說了算。

很快，Mary根據男人的名字打聽到，原來他已經有了老婆，只是妻子在外地做生意。這次，Mary對男人終於徹底死心。一場她誤以為是美好邂逅的相遇，原來全是假象。

男人的確有夠沒品，不修邊幅，事業落魄，一見面就打著愛妳的幌子想上床，自己不肯努力，還怨東怪西，而且滿口謊言。所有次品男的特徵，全都一一表現在這男人身上了。

我陪Mary到餐廳大吃了一頓，紓解她這段日子白白付出的那些心意和情感。不過我還是告訴Mary，雖然浪費了一點時間，但能揭開對方的真面目，而不是輕易相信、糊里糊塗上了賊船，單是這點就很值得慶祝了。

見招拆招

次品男無處不在，需要我們在戀愛前時時擦亮眼。浪費一段時間沒關係，若賠上一生就得不償失了。

看穿他的隱性暴力？

疑點

妳說頭痛，他會說他有腦癌。妳說妳開心，他會嫉妒妳開心。他心裡想的是，「妳有什麼不開心的事，說出來讓他開心一下」。他暗示妳為他做事，暗示妳為他付出，事後卻不領情。他要妳讀懂他的心思，卻將妳犯過的一點小錯當成把柄緊緊揪住，不時翻舊帳，讓妳心生愧疚，只好對他唯命是從。

線索

遇上這樣的男人，妳感受到的不是拳頭的暴力，而是化暴力於無形的心理虐待和情緒勒索，讓妳像陷入泥沼般無所適從。別再猶豫，立刻放手。

Q

Flora跟我訴苦，她新交的男朋友性格有些奇怪。比如他工作不順心時，Flora要是因為其他事情表現得開心一點，男友就會不高興，然後不斷挑Flora的毛病，把Flora也弄得不開心，直到他自己高興起來為止。妳能分辨他是什麼男人嗎？

對Flora的男友而言，似乎跟他在一起，就應該跟他同憂，至於要不要同樂就不重要了。總之，他自己不好過，也不會讓Flora好過。典型的「妳有什麼不開心的事，說出來讓我開心一下」那種見不得別人好的心態。

我問Flora：「他平時要妳為他做什麼時，會直接告訴妳嗎？」

Flora想了想說：「好像不直接，喜歡用暗示的。比如想喝什麼、吃什麼，就會拐彎抹角地說那家東西好吃，再說他肚子好餓。要是我沒行動，他就會無理取鬧發脾氣，這麼說來，原來他平時莫名其妙發脾氣，都是因為我沒猜到他的心思啊！」

我嘆了口氣說：「妳要小心了，妳男友很可能是有情感操控傾向的人。」

這類人習慣用心理虐待法來達成他的目的，算是一種隱性暴力。以感情為武器來操控愛人，進而達到自己的目的。具體來說有很多種表現手法，比如，妳說妳頭痛，他會說他有腦癌，因為他們無論如何都要當主角，讓妳覺得他比妳更痛苦，更需要照顧。或是他為妳做了某件事後，經常掛在嘴邊邀功——我為妳付出那麼多，妳要怎麼報答我？

這些操控情感的形式，看上去不吵不鬧，但很容易讓愛他的人無所適從。最後從慚愧、內疚、同情到無法忍受，直至落荒而逃。

此後，在Flora刻意的觀察中，又看出男友很多奇怪的心理。比如Flora猜到他的心思，為他買了喜歡的東西或送來想吃的食物，男友卻表現得很平淡，非但不感激，還高傲地說：「我又沒有求妳去買。如果妳愛我，就應該明白我想要……」偶爾如此也就罷了，難的是這個暗示大王經常如此，讓Flora感到疲憊不堪。

Flora對我訴苦：「我又不是讀心專家，他要什麼又不明說，天天都得猜他的心思，我還有時間做別的事嗎？」Flora當然也想過分手，但分手畢竟是件大事，沒有發展到不可收拾的地步，誰願意輕易分手？

所以，她決定再試試，要麼改變自己去適應男友，要麼慢慢想辦法改造他。也許他並非真的有隱性暴力傾向，只是有些怪脾氣罷了。

抱著這種想法，Flora一面繼續跟男友交往，一面同時「偵查」他的性情動向。不久後，Flora來找我，說男友翻舊帳，不知從哪裡聽到Flora前男友的事，當初前男友是因為家庭因素，沒辦法跟Flora在一起，但現任男友卻對此耿耿於懷，總懷疑Flora並不愛自己，認定只是Flora逼不得已、將就之下的選擇。

經他這麼一說，Flora發現自己當初跟他交往的心態，確實有點那種味道，以至於心裡有些內疚，於是男友每次翻舊帳，Flora便會答應該他一些無理要求。一方面覺得對不起他，一方面又覺得自己的愛越來越卑微，好像自己虧欠他一樣。而這次更過分的是，Flora男友在氣頭上，竟然出現了自殘行為。弄得Flora又驚又怕，可她還是得先安撫好男友的情緒，再來我這裡尋求安慰。

看這情形，Flora的男友還是個「罪惡感人帥」。這類人總會仔細記下妳做過的所有錯事，不管妳有沒有道過歉，他們都不會真正釋懷，而是在下一次吵架或是需要妳做某件事時，拿出來做為武器，要脅妳做一些妳不願做的事。這種事情偶爾發生一、兩次，看在愛的份上尚可忍受，但日子久了，早晚也是落得一拍兩散的下場。

見招拆招

如此種種，Flora的男友的確是擅長情感操控的人，不動手打人，不動口罵人，卻總是拿愛做藉口來達到自己的目的。最終達到折磨對方的目的，對於這樣殺人不見血的男人，我給Flora的建議，大概只有選擇放棄了。

他是現代版「葛朗台」嗎？

疑點

他從不亂花錢，不喝外面的水，不吃外面的飯，不去娛樂場所做無非必要性的消費。他讓妳覺得他一窮二白、手頭緊張，事實上他家底雄厚，能力出眾。

線索

遇見這樣的男人，若妳覺得他只是樸實節儉，之後便會漸漸發現，他不但捨不得花錢在妳身上，甚至還想從妳這裡得到收入或佔上幾分便宜。那麼，他真的只是吝嗇成性嗎？

Q

Gill略顯憂愁地向我抱怨，男友從不帶她去需要花錢消費的地方，跟男友見面時，要麼就是繞著郊區散步，走得她兩腿發軟；口渴想喝水，男友還說外面的水不乾淨；餓了想吃飯，男友又說外面餐點不衛生。遇到這樣的男人應該警覺，他是不是真的一窮二白？

Gill的男友方力是個英俊帥氣的男子，兩人在公司的聯誼會上遇見，幾乎是一見鍾情。

對於這位男士的小氣程度，我實在被震撼到不行，當時我問Gill，這個男人是不是生活很拮据呢？Gill摸摸頭想了想：「不對啊，我去過他公司。他工作不錯，薪水很高啊！」

我再猜，那是他好賭輸錢？還是欠了高利貸？或是要供養父母？繳高額房貸？炒股票虧錢？

Gill一一搖頭，表示這些原因都不存在。而且就算他有上述情形，也不至於出去約會連買水、吃飯的錢都沒有吧！

我戳戳Gill的頭說：「那妳接下來得好好考察發現一番了。小心，他是現在代版的『葛朗台』（編註：巴爾扎克作品《人間喜劇》角色之一，是吝嗇精明的商人，後成為世界文學中著名的守財奴形象）！」

此後，Gill從相處的細節中找尋證據。因為，男友若只是習慣性節約，那可是難得的美德，不能冤枉和錯失了一個好男人。**但他若是所謂的鐵公雞、吝嗇男，相處起來可是會大煞風景的。**

鑒於知道男友不會亂花錢，Gill自然也不指望他有浪漫行為，因為買花和布置氣氛可是很花錢又不實際的行為。所以，他們相戀兩月多來，Gill從沒收過男友一束花或一盒巧克力，即使他們一起度過了第一次情人節。據Gill說，那天他們仍是壓馬路在郊區散步。途中Gill看到想吃的零食，男友當時沒有反對，但是也沒有主動付錢。Gill心裡有些彆扭，雖然這小錢自己並非付不起，但男友這時更應該表現出呵護和疼愛女友的態度才對啊，主動買給她吃才顯得有愛啊！

我安慰Gill，也許是他因為節約慣了，所以掏錢的反應比較慢，所以還是先繼續觀察看看吧。

隔天，Gill向我報告，她悄悄調查了男友的家庭背景，以為他家境不好，生活有困難。結果發現，他父母都是公務員，現已退休在家，房子車子都不缺，生活平靜安穩，看上去並不需要他這麼計較金錢地過日子啊！

為此，Gill的怨忿之氣多了些。接下來，Gill故意拉著男友參加我們幾個好姊妹的聚會，在場都是女性，埋單時理應Gill的男友請客撐個面子。結果，這傢伙坐在那裡紋風不動，像是完全跟他無關一樣。Gill耐住性子自己去結了帳，當晚跟我聊起，覺得這段感情讓她左右為難。

她覺得男友除了在金錢方面太摳門讓人不舒服，別的方面還算優秀，讓她捨不得放手。於是她安慰自己，也許過日子的伴就要找這種人呢。我提醒她：「若是他節約慣了，那就沒關係，可以過日子；或是他被現實所迫，也沒關係，兩人可以一起努力；但是他若天性吝嗇，就會讓人覺得不舒服了，再如果，他省錢是另有目的，比如是要給別人花的，那就很可怕了！」

聽到這裡，Gill兩眼發直，似乎嚇了一跳。她隨即跳起來就要回家，說要做徹底完整的調查，不然內心實在太煎熬了。

不久後，Gill垂頭喪氣回來了。原來這男友真是那種天性吝嗇的傢伙，居然在他自己房租租約到期時，提出要搬到Gill處來住，而且並沒有打算分擔房租的意思，還抱怨Gill明明不缺錢，為什麼還跟他計較房租這種小事。Gill說：「難道他想當小白臉？吃我的、住我的，還睡我的床！」

儘管如此，Gill說還是狠不下心馬上說分手。對於她的猶豫不決，我表示同情。的確，那小子有張人見人愛的臉，要當小白臉也是夠格的。只是，Gill可不屬於需要養小白臉的那類女子。於是我們商議，進行最後一項調查：男友的情史。

Gill拿到男友家裡的電話，打了通電話過去問候伯母，然後說「我是妳兒子的女友」。接著就聽到那伯母叫了另一個女人的名字。根據這個名字，Gill在男友手機裡查到了號碼，又假借某電信公司的名義去電，表示有份情侶專屬的優惠服務可以贈送，於是套出了對方男友的名字。那名字，正是Gill的現任男友。Gill當下宛如五雷轟頂，但還是按捺情緒詢問，原來此女在另一個城市念研究所。

這便是Gill男友劈腿的原因，大概因為Gill態度主動、大方，此男便順水推舟，撿了個現成的備胎女友。而Gill最後在男友的電腦裡發現，他其實每月都按時給那還在念研究所的女友寄錢。果然，他摳門的原因，是為了供養另一個人。

Gill回憶起這幾個月的戀愛，才意識到男友根本就不是真心待她。過馬路從不主動牽她的手；難得一起吃飯也只顧點自己喜歡的，更不會主動買單；從不幫Gill做任何家務，哪怕廉價的禮物也沒送過一次；Gill心情不好時，他也似乎沒有注意到；他甚至很少與Gill有身體接觸，擁抱、親吻都很少，甚至還有迴避的意思。Gill還以為他如此矜持自重，是因為他尊重女性。

原來，真正的原因是，他的心早已另有所屬。不但如此，連錢包也另有所屬了。

見招拆招

對於這樣的男人，哪能做得，當然是乾脆地將他掃地出門了。

他是花俏的孔雀嗎？

疑點

他衣著光鮮，穿搭時尚，而且每每價格不菲。他跟大家聊天時顯得博學多聞，無所不知。風趣幽默，笑容迷人，一如高傲開屏的孔雀一般。

線索

但妳若走入他表面光鮮的生活背後，將會看到什麼樣的真相呢？請做好心理準備，殘酷的真相往往令人難以承受。

Q

Ivy去髮廊做頭髮，一回家就打電話給我，說她看上了一個超級美男。是髮廊裡一個髮型設計師，不但長得帥，而且手藝好，非常有美感，她很滿意他設計的髮型。她該相信著不期而遇的一見鍾情嗎？

我笑Ivy是不是韓劇看多了，每次她的花癡一發作，從電話裡都能讓人感受到。她大讚此男能幹又性感，看起來也不缺錢，因為那麼大一間髮廊全都是他的。我說：「妳要小心了，**不要被孔雀一樣的男人迷惑了。**」

Ivy不解何為孔雀男？其實顧名思義，孔雀就是種特別愛護自己羽毛又十分自戀的動物，而特別注重外表的男人，正是有著孔雀般的本性，一如孔雀那樣愛護自已的羽毛。若是無法接受那種超級自戀情結，又或是跟不上他們對外表方面的注重，恐怕沒法打動這一類男人。

Ivy聽我說得頭頭是道，更是引起她的興趣，表示要細細研究瞭解一下這種孔雀男。當然，她暫時能做的，就是經常出入這間髮廊，這其實也與她想接觸這男人的私心有關，因此今天做護髮，明天修眉毛，後天洗頭按摩。

每天，Ivy都會跟我聊一會兒，話說此男的造型天天不同，穿搭時尚，而且價格不菲。又或是他跟大家聊天時顯得知識很淵博，無所不知的樣子，風趣幽默，笑容迷人。當然，Ivy還發現一個細節，就是此男經常照鏡子，似乎很難忍受頭髮有一點凌亂，或是衣著有一點不整。

Ivy整個被他迷得神魂顛倒，可是不知如何下手。我倆靜下來一分析，覺得這男人的確有孔雀男的性質，那麼與他應對，自然就要比他更引人注目。首先是在外表上，因為他們對美有獨特見解，所以也會對自己的另一半有諸多要求。

我還沒說出壞處，Ivy就耐不住了，弄來一堆時尚雜誌之類的參考資料。開始打扮、修飾自己。果然不久後，這傻妞就來報告戰績，說那個男人已經開始約她吃飯、散步了。

Ivy話裡有藏不住的歡喜，說他倆走在街上，絕對是一道亮麗搶眼的風景。而且男人愛乾淨、好整潔，根本就是上天賜給她的完美禮物。的確，Ivy也是位有氣質的美麗女子，稍微打扮一下就光采照人。只是，這丫頭平時有點潔癖，也並不喜歡太刻意地打扮自己，而且穿衣造型向來有自己的風格，現在被那孔雀男迷了心竅，我認為並不是什麼好事，於是提醒她：「孔雀男不是什麼都好，他要真是道地的孔雀男，可不是一般女人能承受得了的。」

Ivy好奇追問，看她一副不見棺材不掉淚的樣子，我也只好任她深入敵營，做進一步的調查瞭解。

首先，Ivy每次與這男人見面都是在外面的公開場合，對他私下生活的模樣卻一無所知。所以第一步，就是走進他的真實生活，瞭解他的習性。Ivy藉故去了男人家裡一趟，雖然他一直推託，但仍然招架不住Ivy突如其來的夜襲。

男人打開家門，身上穿的居然是一件女性睡袍。Ivy第一反應是「他有女朋友！」，但男人解釋了半天，說自己沒有，睡袍只是他喜歡所以買了。Ivy後來對我說，當時她心裡像吞了隻蒼蠅一樣難受，頓時有些喪氣。

再環顧屋內，家裡非常凌亂，不過這也是許多男人的通病，但對於Ivy認知中外表光鮮的孔雀男，反差極大。Ivy去了洗手間，看到洗手檯上滿是化妝品、洗面乳，還分早晚用的，此外還有各式保養品、面膜，以及洗浴用的牛奶，甚至還有眼線筆、眉筆，乍看還真以為是女人專用的洗手間。

Ivy覺得有點不舒服，很快告辭回家。雖說這男人私下與平時反差極大，但也不能就此PASS掉，Ivy雖然有點心灰意冷，但男人再聯繫她時，還是忍不住赴約。男人大概察覺到她不開心，想在物質上滿足Ivy，哄她開心，於是約Ivy逛街。男人出手很闊綽，去百貨公司挑件衣服動輒數千，Ivy雖然不缺錢，但也看得有些心驚。男人給Ivy挑了幾件，也沒虧待自己。後來刷卡時，信用卡竟然刷不過，原來他已經刷爆了好幾張卡。

Ivy再次覺得灰心，她認為男人可以沒錢，但不能沒有節制，而且只是為了耍酷，想要跟上時尚潮流，追求物質上的享樂，這樣的男人對家庭一定也沒有責任感。

其實，Ivy早發現男人的諸多怪癖，出門打扮要花很長時間，隨身帶小鏡子，不時攬鏡自照，每月花在外表儀容上的錢比她還多。有時還對她的造型指手畫腳，讓她感到無所適從，不知怎麼打扮才算時尚，才能入得了他的眼。為此，她覺得已經有些失去自我了。

所以，Ivy最終表示，這樣的花美男，她的確無福消受。

見招拆招

這樣的孔雀男，若站在遠處欣賞還可以，一旦相處、生活在一起，的確不是一般女人能應付的。於是，Ivy在偵察完所有細節後，撤退了。

「想軟飯」還是「被軟飯」？

疑點

他是花美男，身形健壯、氣質不俗。他迷上妳，自然有他獨特的見解。當然，被他迷上的妳，也是條件不俗的那一類。他總是「不定時」過生日，因為總有人隨時奉上高檔的禮物。他經常會接到老媽、老姊或是三姑六婆的電話。他總是鎮定自若，讓妳看不出一句謊言和破綻。

線索

但是，遇到這樣的花美男，妳準備好揭穿他的真實身分了嗎？

Q

好友Liz是不折不扣的「外貌協會會員」，喜歡的男人都有張白白淨淨的巴掌小臉，加上一身壯碩精實的肌肉，就像韓國男偶像那樣，而且都透露出一個「柔」字，或陰柔，或溫柔。最近，Liz新交的男友Hale，就是個花美男。不過相處下來，卻發現這溫柔背後有著令人難以接受的原因……

朋友聚會時，Liz帶了Hale一起出席。一進屋，便覺得空氣凝聚，在場的花癡女們看得口水都要流下來了。Hale身形健壯，原來他是Liz在健身房認識的教練。

Hale實在溫柔體貼，修長的手指拈起牙籤，為Liz挑起一顆透紅的小番茄，再緩緩餵進Liz嘴裡，要多甜膩就有多甜膩，那迷死人的桃花眼，跟韓國男偶像有得拚。

席間Hale電話響了好幾次，每次他都起身去外面接聽。他一邊欠身，一邊跟大家說抱歉。回來時，我們取笑Hale是不是因為長太帥，所以被女人們追得無處可逃，可別辜負了我們Liz。

Hale不好意思地說：「是因為我下週生日，媽媽一直打電話要我回家去過……」

姊妹們聽了就問：「那你要回去嗎？不跟Liz一起過嗎？」

Hale說：「我當然希望Liz陪我過啦，不過我得先回家應付一下我媽，回來再跟Liz一起過。我過生日，怎能少了Liz的陪伴呢！」

Liz雙頰泛著紅暈，待Hale去洗手間時，便緊張地向大家討教該怎麼為Hale布置生日派對，還有挑生日禮物，這是重點。畢竟是第一次送禮物，一定得上得了檯面，還要有創意才行啊！

大家七嘴八舌地幫Liz出主意。送衣服？代表要跟他相依相偎。送皮帶？表示要拴住他一輩子。鞋？香水？Liz覺得這些都太小兒科。的確，對於Liz這樣出身有錢人家的獨生女，加上工作能力好，年薪獎金高得嚇人，要送男朋友禮物，當然得講究一點。

於是，那次Hale過生日，Liz花了好幾萬元。而Hale也接受得很坦然，好像天經地義一般。這年頭，以身相許已經不能表達愛意了，還得用錢表達愛意才夠誠意。我提醒Liz，小心別碰上了軟飯男。

Liz聽了不太高興，回了我一個大白眼說：「我是那種沒魅力、得花錢找男友的女人嗎？」好吧，我只好打住這個話題。

不過沒多久，Liz就自己上門來訴苦了。她說Hale的「媽媽」總是打電話，於是有天他在洗澡時，Liz幫他接了通電話。結果對方口氣很曖昧，Liz什麼都沒說就把電話掛了。Liz說那女人在電話裡叫Hale寶貝，還說週末老地方見，要Hale陪她去泡溫泉。

Liz表示懷疑，媽媽叫兒子寶貝還算常見，但如此頻繁地打電話，語氣又曖昧，真是讓人起雞皮疙瘩。而且，那女人聲音聽起來並不是很老。

聯想到Hale的外型和平時心安理得花Liz錢的態度，我倆越來越覺得有問題。於是商議讓Liz偷偷去找Hale的身分證，看看上次說過生日是不是真的。果然，沒幾天Liz就確認，Hale生日根本不是上次說的那天。

Liz又去了健身房打聽Hale的工作狀況，Liz媚眼拋拋，成功迷惑了一個健身房男教練，旁敲側擊打聽Hale。男教練一聽Hale的名字，明顯有點不服氣又不屑的語氣說：「人家長得帥，所以不用天天上班，因為健身房老闆是人家『親戚』呢！」

男教練故意把「親戚」兩個字說得很重、意味深長，Liz心存懷疑，索性打破砂鍋問到底。男教練接下Liz的媚眼，神祕地說：「其實我們都知道Hale跟老闆娘有一腿，不然哪有這麼輕鬆的工作，想來就來，想走就走。不過，聽說這小子對此並不滿意，還在外面泡別的女人。」

Liz忍住氣，出了健身房就往我這奔來。她說自己努力控制馬上拆穿Hale的衝動，想著要如何收回自己花在Hale身上的那些錢才能消氣。於是，我們以牙還牙，製造出Liz也過生日的假象。

結果，Hale那天遲遲沒有出現。一直說媽媽身體不舒服，他晚點才能來。最後他終於出現時，只在路邊買了束花，一再表示時間太晚，買不到其他禮物了。Liz看他如此情形，心灰意冷，於是在Hale再次出去接所謂「媽媽」的電話時，Liz悄悄跟在他身後。聽到他在洗手間跟那女人在電話裡解釋、請示和甜言蜜語。

Hale出來時，見到站在外面的Liz，一臉尷尬。

後來，Hale還是還了Liz送的禮物，自動消失在她的生活中了。

Liz什麼也沒追究，因為是她自己主動貼上Hale的。送的禮物，也不是對方跟她開口要的。所謂來者不拒「被軟飯」的事，看來Hale相當得心應手，而「想軟飯」那一項，他也如魚得水，自得其樂。

見招拆招

這樣的男人好逸惡勞，不思進取，仗著外形亮眼，身材好，擅長洞悉女人心，撒謊不動聲色，還裝得一本正經。所以經常勾搭女人或接受女人的勾搭。然後靠女人賞飯，靠女人養活。

這種例子並不少見，而很多都是周瑜打黃蓋，所以無權言說。總之，遇到那種美得冒泡又對妳的物質禮物來者不拒的傢伙，可要有防備心理。一旦看透，就不要沉迷於外表的意亂情迷。**男人可以沒錢，但不可以把骨頭都軟進錢堆裡。**

他是哪種「三無」型？

疑點

他讓妳覺得他隨時都可以出現在妳面前，隨時關心妳、問候妳、照顧妳？他不會讓妳感到寂寞和被冷落，讓妳有種時時被捧在掌心、像公主般的感受？

線索

只是，他哪來的這麼多時間成天圍著妳轉呢？如此無所事事的他，究竟是個什麼樣的男人呢？

Q

安安是個極度缺乏安全感的女孩，前男友因為總說太忙，後來安安便無理取鬧，以致兩人分手了，安安告訴我，她最近遇到中學老同學Jeff，很來電，我不知她這次遇到的男人，是不是能給她足夠的安全感。

面對前男友的忙碌，安安總說：「我不需要事業多成功的男人，我要的是可以把我捧在掌心上，呵護有加的男人。」對於安安的夢想，我不好斷言。這樣的男人應該有，但是他會是什麼樣的男人呢？而Jeff出現的時間點還真是恰到好處。

Jeff學生時期時就追過安安，那時的Jeff就像個小痞子，整天追在安安後面獻殷勤。當時安安心思都放在課業上，並不想戀愛，所以完全不回應Jeff的追求。但如今的安安正值感情空窗期，感到寂寞又無助。正好她也需要一個能成天跟在她身邊的男人，於是便敞開心扉，接受Jeff再次走進自己的生活。Jeff是前不久主動打電話給安安的，電話裡說好久沒聯繫了，很想念她之類的。又說自己這些年都單身，因為心裡實在忘不了安安。

不管是真是假，反正安安好久沒聽到有人這樣熱情地對自己說話了。至少在她願意接電話的人裡面是沒有了。

於是，兩人開始約見面，吃頓飯、散個步。分開後，安安發現Jeff一整天都掛在網路上，只要安安傳訊給他，他就會立刻回應。要是安安不上線，他就會打電話、傳簡訊，叮嚀她按時吃飯，早點睡覺，有時也東拉西扯亂聊，沒有什麼實質內容。

雖然如此，安安卻覺得很窩心。

我提醒安安，男人這麼閒，可不一定是好事。搞不好，他就是所謂的「三無男」。只是這三無有幾個版本：**一種是無相貌、無財產、無能力；一種是無口、無心、無表情；還有一種是所謂沒錢、沒車、沒房。**

物質上的沒，不代表什麼，但一個男人無法擁有基本的物質條件，就一定得花時間去努力奮鬥，不可能把太多心思放在女人身上，**每天風花雪月，然後喝西北風嗎？**

我問安安：「你們出去吃飯誰買單？」

安安一想，表示好像幾次都是她買的單。因為第一次要買單時，Jeff去了洗手間。回來後還怪她怎麼先買了單，可現在回想，安安才發現Jeff是在上洗手間前先叫了服務生來買單的。安安也沒放在心上，反正都是老同學。

第二次安安買單，是因為幾十塊錢，安安說她有零錢，Jeff於是便把整鈔放回了皮夾。還有幾次，安安也都不甚在意。反正安安也不缺那點吃飯的小錢。至少每次跟Jeff在一起吃飯聊天，安安都覺得很開心。Jeff很會逗她笑，笑話一套一套地說，而且誇她的方式也恰到好處，讓安安心裡很受用。

如此一看，Jeff就算不是「三無」，也一定是無所事事。有可能他整天掛在網路上不光是陪安安，也在陪別人。所以，防備之心還是不能少。就算是老同學，多年不見，人肯定會有變化的。

安安覺得有道理，便開始旁敲側擊，問Jeff做什麼工作。她記得自己曾問過，Jeff說做生意，也沒具體說在做什麼。安安再問時，Jeff便回說在搞工程。安安說那一定很忙吧，Jeff馬上表示最近剛好有空檔，在籌資金，因為上一批工程款沒收齊，所以下一個投資變得有些困難。

安安正表示同情，Jeff便順勢開口說：「要不然，老同學妳也投資一點？或是先借我一筆錢，金額不多，工程款一收到就還妳，若不放心，我可以簽個借據，一定連本帶利算給妳。」安安支吾了半天，還是沒敢鬆口借錢給Jeff。

但安安仍不死心，覺得也許Jeff真的有困難。於是找到過去跟Jeff相熟、畢業後還有聯繫的老同學，瞭解一下Jeff這些年都在做些什麼。結果發現，Jeff自從辭掉畢業後第一份公家單位的穩定工作後，就沒幹過正事。因為嫌那份工作枯燥乏味，薪水低又沒前途，所以Jeff開始跟著人家到處投資，結果賠光了父母幫他籌的第一筆創業金，害得他爸媽現在還積欠一屁股債。

目前的Jeff並沒有在籌備什麼工程，只是天天待在家打網路遊戲，沒事就在網路上聯絡同學朋友混吃混喝，且不分男女。遇到安安，自然也是一番甜言蜜語。

如今像安安這樣，個性有些單純，工作忙碌的女人，生活中很少有機會遇到合適的交往對象。一旦遇到對自己噓寒問暖又體貼的男人，就會感到很溫暖安心。要是聽信男人的讒言，傾心、傾囊相助，一不小心就被那種不長進又好高騖遠的男人當成了提款機。當然，他們自會有各種藉口和理由，演戲對他們來說，只是混吃混喝的基本專業而已。

見招拆招

其實，不管他是不是「三無男」，只要疑似無志向、無志氣，又無勤勞精神的男人，一定要睜大眼睛看清楚，避而遠之。

以愛之名行霸道之實？

疑點

他看上去能給妳非常多的安全感，他也希望妳小鳥依人、溫婉賢淑。他會包辦妳的生活，食衣住行面面俱到。當妳覺得自己真是溫暖又幸福時，卻慢慢發現，他正以愛之名，左右著妳的生活，進而控制妳的人生。他們不會強硬要求，卻每每會說：「因為我愛妳，是為了妳好才替妳做決定。」

線索

面對這樣的霸道男人，妳還願意對他百依百順，做隻寄生小鳥嗎？

Q

Kama新認識的男人Aaron，高大健壯。Kama悄悄喜歡上他，覺得這樣的男人讓她非常有安全感。Aaron也的確是個很有魄力的男人，做事從不拖泥帶水，說話也是擲地有聲，難道他就是傳說中的白馬王子？

兩人第一次約會時，Aaron開著朋友的車來樓下接她。Aaron的朋友坐在副駕駛位上，一見Kama來，朋友就要下車，表示讓位給Kama。Aaron卻對朋友說：「不用換，讓她坐後面。」朋友跟Kama都有點尷尬，Kama坐在後排，有點落寞，一語不發。Aaron卻像沒事人一樣，仍然跟朋友大談生意上的事，把Kama當成透明人一般。原來那晚的約會，Aaron是帶著Kama跟朋友聚會而已。包廂裡人很多，Aaron又是個喜歡主導場面的大哥型人物，所以整晚都有應接不暇的話題要跟每個人說。有人找Kama喝酒，想敬她一杯時，Aaron也馬上搶過去說由他代打。Kama只好默默坐著，覺得很是無聊。

聚會結束，Aaron送Kama回家。一路上Kama有點不悅，也不說話。

Aaron見狀才說：「晚上不讓妳坐副駕駛座，是關心妳，坐後座不是更安全嗎？不讓妳喝酒，當然也是為了照顧妳，女孩子喝酒對身體不好嘛！我這樣做是因為真心喜歡妳，都是為了妳好……」

Kama不知說什麼，只好勉強笑笑，表示接受Aaron的說法。

回家後，Kama在網路上跟我聊起這些。她說被Aaron這樣對待，總覺得哪裡不舒服，可又挑不出Aaron的錯。我知道Kama是個獨立成熟的女孩，知道自己在做什麼，能做什麼。Aaron若干涉過度，當她是小孩子一樣管她，會讓她覺得不適應。

Kama又表示，Aaron除了老愛為她做主，其他方面都很好，於是決定繼續交往，慢慢觀察他究竟是個怎樣的男人。

不出幾天，Kama告訴我，她跟Aaron鬧彆扭了。原因是Aaron帶她去見朋友，她當時很累，只隨意穿了平底鞋和牛仔褲就出門。結果下樓後，Aaron居然不由分說，要她上去換裙子、化個妝再下來。Kama問原因，Aaron說：「我得讓朋友們都認同妳，這樣他們就會在我家人面前幫妳美言幾句，也會讓我們的交往更順利啊！我是為了我倆的將來著想……」

Kama想說什麼，但沒說出來，只好耐著性子回去重新打扮一番，但心裡對Aaron的印象卻大大減分，對這個男人又多了些顧慮。

在我看來，Aaron總說是為了Kama好而替她做決定，**有可能是打著愛的名義行施大男人主義**。偶爾一次或是小事情也就罷了，要是事事都如此，這樣的男人恐怕不能輕易接受。若女方本身沒有主見，喜歡被人叮囑、安排倒還好，但Kama是個很有主見的女子，所以並不適合這樣的男人。

Kama表示自己的想法跟我一樣，於是故意在Aaron面前提起自己工作上的決定，比如還想繼續念書深造。結果才說沒幾句，就被Aaron打斷了，Aaron表示，女人要遵守三從四德，相夫教子，嫁個有事業的男人做賢妻良母即可。Kama聽了很不高興，Aaron又說自己是因為很愛Kama，所以不希望她那麼累，一切有他處理就行了，他會負責Kama的下半生，讓她過好日子。

聽起來滿感人的，似乎以身相許也是順理成章。

可是Kama已有所警惕。Aaron這番什麼都要干涉、幫她做主的舉動，讓她開始害怕了。

春節時，Kama要回自家過節，Aaron卻要Kama先跟他回家見父母，然後再去Kama家。Kama不同意，Aaron便生氣地摔杯子說：「妳怎麼處處都跟我唱反調，我這樣做是為了讓我父母能早點認可妳，我是真心想娶妳才這樣的！」

Kama什麼也沒說，只表示她跟Aaron個性不合適，非常乾脆地了斷這段感情。

見招拆招

其實Aaron對Kama並非多麼不好。只是他的大男人主義太強烈，卻打死不承認。這樣的男人通常是因為從小在家像王子一樣被養大，習慣被寵、被捧，習慣別人聽從他的主張和意見。明明是霸道，卻還要以愛之名來達到自己控制別人的目的。

若女方本就是小女人心態，或許可接受。但人都有自己的主張和想法，被人以愛之名左右行為，遲早會失去自我，變得無所適從，不知所措。

含著奶嘴的男人？

疑點

他一出門就給父母家人打電話報平安，看上去孝順溫和、好相處。可他們不管高矮胖瘦、長成什麼樣子，內心卻永遠長不大。看似善良單純，其實是因為不願有太多主張和想法，好逃避應負擔的責任。如果遇到問題，他會怎麼做呢？當他難過時，又會採取怎樣的態度呢？

線索

如果和他長期相處，妳又會變成什麼樣的角色呢？除非妳母性堅強，否則一旦遇上永遠長不大的「奶嘴男」，妳注定會成為不折不扣的「多功能老媽」。

Q

最近，Nancy總公司派來一位技術人員叫Martin，由她負責接待。Martin個子高大，但笑容溫和，語氣輕柔。Nancy在機場接了Martin上車，他剛坐定就開始打電話回家。從電話裡，Nancy聽出他正在向爸媽報平安，說自己安全到達，不要擔心。Nancy聽得心裡直歡喜……

Nancy是個大姊大型的女人，名字雖然很女性化，但做事風格卻雷厲風行，乾脆直接。這樣的Nancy卻偏偏相信性格互補的神話，所以在戀愛時，她總是傾心於溫柔系、萌系的小男人。

這樣一個個性強勢的女人，不僅自己對父母孝順，對於有孝心的男人也特別有好感，因為她一向認為，懂得孝順的男人必然壞不到哪裡去。所以Nancy對Martin的態度比平時還熱情許多，噓寒問暖，照顧周到。陪Martin吃了晚飯後，又幫他安排好住處。Martin表示自己初到此地，人生地不熟，有些無聊煩悶，Nancy便又坐下來陪他聊了一會兒。

Nancy看時間不早了要離開，Martin此時打開電腦，說是想玩個遊戲，免得在異鄉失眠。接著又跟Nancy要了臉書帳號。Nancy回家一打開電腦，就收到他的訊息——大大的哭臉表情。他傷心地說很少離家這麼遠，覺得很孤單，問可不可以跟Nancy再聊一會兒。

Nancy心裡柔情氾濫，雖然上班一天已經很疲憊了，但還是坐下來陪他閒扯。Nancy一邊跟他聊，一邊跟我聊，說她遇到個一見如故、馬上就把她當知心朋友的男人，不僅敞開心扉跟她聊天，個性又隨和直爽，像個單純的大孩子。Nancy說，這樣的男生好相處，覺得沒有壓力，無論怎麼說、怎麼做，都讓人放鬆隨意、無拘無束。

聽她說得這麼愉快，我也替她開心。

第二天晚上我和Nancy見面，看她一副很疲倦的樣子。問起來，才知道Martin這技術員還真是名符其實，去公司生產原物料的種植基地時，除了看藥材的種植問題，別的瑣事一律都交給Nancy負責。Nancy問他意見，他也總是說：「我信任妳，妳看著辦就好。」

回程時間已太晚，錯過了末班車，兩人在郊區走了好一段路。Martin直嚷著腿痠走不動，問Nancy怎麼辦？Nancy說要不就在附近找個地方過夜，第二天再趕首班車，他說好。Nancy又問，或打電話從市區裡叫車來接，他也說好。最終，Nancy只好跟他坐在路邊等車來接。中途Nancy沒叫累，倒是Martin一副要死不活的樣子，看得Nancy還有些心疼。回去後他說頭痛，飯也不想吃就回住處了。Nancy擔心他，只好又跑去外帶些吃的送到他住處。

Martin開心地表示Nancy人真好，眼角眉梢都是喜歡，還說要正式追她做女朋友。

Nancy問我：「要不要答應？他好像是我的菜呢！」

我擔心地問：「妳的菜，該不會是奶嘴男吧？」

Nancy疑問，怎樣才算奶嘴男？

此男的孝順，有可能只是依賴父母，離家後因為不安，所以下車就打電話報平安。此男的隨和溫柔，其實可能是沒主見，這點從他什麼都讓Nancy做主就可以看得出來。這樣的男人，不管高矮胖瘦，總之內心永遠長不大。看起來心地善良單純，其實是因為不願有太多主張和想法，遇事就想逃避，難過了就裝受傷，然後再撒嬌邀寵。

Nancy不信有這麼嚴重，隔天提了一大袋東西去見Martin時，在樓下打電話讓他下來接，他卻說現在走不開，要Nancy先上來。Nancy還沒說自己有東西拿不動，電話就斷了。上樓一看，Martin正在遊戲裡奮戰。目不轉睛，Nancy說：「這些藥材品種需要你再核實一遍。」Martin卻說：「今天休息吧，反正不急，要不妳幫我看看就好，反正妳也懂的。」

結果，Nancy只好嘆著氣，自己整理這些品種分類。而Martin一副客隨主便的樣子，中途吃飯都是Nancy叫的外賣。Nancy回來告訴我，她那天是故意拿了這些東西和工作到Martin住處去做，結果大失所望。

雖然這樣的測試觀察有點小兒科，但是一個沉迷遊戲和視女人辛勞不顧的男人，其實是自私的。而Martin的情緒也很善變，一會溫和開朗，一會又變得低落不穩定。**他們擔不起大的責任和重的壓力，遇事會逃避。初時話說得冠冕堂皇，其實他們說過的話可以不算，愛過的人也一直在換。**

Nancy也就憑這些細節否決了和他開始的可能性，也感嘆看一個人的角度不同，就會慢慢看出不一樣的結果。

見招拆招

跟奶嘴男生活，會讓妳有身兼數職的感覺，保姆、廚師、知心姊姊、母親、維修工、心理輔導師……如此種種。他不會跟妳唱反調，會讓妳自由自在，但卻也是自由自在地肩負重任。

一段感情，是彼此互相關照呵護，一起承擔生活瑣碎的挫折和責任，若只有單方面如此，天秤便會不平衡。就算妳能幹地撐起半邊天，也會被奶嘴男拖累得昏天黑地。

PART 2

妳，被他盯上了？

不要輕易被嘴上說的甜言蜜語感動，

不要輕易相信那些漂亮文字所訴說的愛情。

誇妳或許另有目的？

疑點

他，總是對妳甜言蜜語；他，總是對妳不吝誇讚；他，似乎永遠在妳身旁打轉，有很多很多的情感要對妳訴說……

線索

這樣的男人，總是說妳愛聽的，隨時能洞悉妳想要的，自從他出現後，你們之間總有那麼多的不期而遇和特別的巧合，彷彿冥冥之中自有緣分……妳真的相信，一切都是老天的安排嗎？

Q

冰冰某天下班途中，車子突然拋錨。她又急又氣地下車察看，一邊打電話給車行，請他們派人拖回去修。等待拖車時，一輛奧迪A6停在冰冰面前。車窗搖下，車裡男人叫著冰冰的名字……

說實話，冰冰覺得男子有些面熟，但想了半天還是沒想起來，只好尷尬地繼續努力想。男人說：「我是你們公司合作廠商的業務人員，妳不認識我，但妳在業內可是鼎鼎大名的業務精英，所以我知道妳。這麼巧讓我遇上了，不得不說是緣份啊，能載妳一程，送妳回家，也是我的榮幸。」一

男人的長相雖不是冰冰喜歡的那一款，但話倒是說得她心裡頗受用。於是她接過男人名片，兩人聊了一會兒，等車行來拖走自己的車子後，她便上了男人的車。

男人果然是合作廠商的人，名片上印著銷售部經理。

出於禮貌，冰冰也遞上了自己的名片。

此後，男人三頭兩頭熱情地邀請冰冰吃飯、喝咖啡。男人的嘴像是抹了蜜一般，每每說得冰冰心花怒放。每次見到冰冰，誇她的內容從不重複、不庸俗、不刻意。這次誇她衣著，下次誇她妝容，或是誇她的才氣、她的工作能力。

原本個性孤傲、不怎麼愛跟人接近的冰冰，在面對這男人的各種誇獎時，卻總覺得他說得無比坦誠、無比正確、無比中聽。所以，男人一次次約冰冰見面，都不曾被拒絕過。

但當男人正式告白時，冰冰還是猶豫了。男人所屬的合作廠商不過是間中小企業，他也只是個銷售部的經理，連車都是開公司的。年薪不過幾十萬，長相和氣質也一般般。總之，跟冰冰從前那些條件一個比一個好的追求者相較，這男人實在太普通了。

冰冰跟我抱怨：「我喜歡聽他說話，好像從沒有人那麼瞭解我。誇的一點不虛假，全是我認同的。他誇的，也正是我想追求的感覺和自己想透露出來的特質。」

我回問她：「妳不覺得很奇怪嗎？他為什麼那麼瞭解妳？他為什麼就會正好在妳車子拋錨的地方跟妳偶遇？」

冰冰想想，覺得事有蹊蹺。於是決定悄悄到男人公司探探底。這也是很容易的事，冰冰託公司的同事，給男人的上司打了通電話，以朋友的立場約那上司出來吃飯，中途再讓同事從上司嘴裡瞭解一下男人的底細。

同事假意說自己有個表妹剛畢業，正被那男人追求。結果那上司說：「那小子啊，他會追求小女人嗎？他一向都只是追求女強人或女神類的，雖然本人有點猥瑣，但嘴巴很甜。**要追人前，一定會摸清對方底細，大到家庭背景，小到生活習慣，全都清清楚楚**，然後再製造一個特別的相遇加深對方印象。所以，那小子會追的都是條件極好的女性，而且要能對他業務上有幫助的才行。你表妹一個黃毛丫頭，對他而言沒有利用價值吧！難道這次這小子動真心了？」

一席話，洩露了那男人所有的底。同事帶話給冰冰時，冰冰氣得牙齒打顫。

想想平時聽到那些無比美妙貼心的誇獎，原來都是他事先打探、安排好的臺詞，實在覺得冒火。現在冰冰回頭一想，其實那些男人誇獎自己的話，都是自己想追求的目標，根本也未能達到。

自己哪有那麼好，只是女人的耳根子實在太軟了，所以一聽到男人的誇讚如此合自己心意，就禁不住暈頭轉向了。好在懷疑永遠不嫌晚，一旦有了懷疑，就要去證實，再揪出對方真正的意圖。

見招拆招

甜言蜜語攻勢雖然只是情場老手耍的小花招，無非騙得女神垂青，無傷大礙。但愛情一旦是以利益和條件為目的，怎麼想都覺得缺乏安全感和信任感。

所以，面對那些嘴巴甜得像蜜，讚美妳溜得就像說相聲快板的男人時，一定要警惕他們是否另有所圖。因為只有妳最清楚，自己是不是真有他說的那麼好。雖然他說的那個好，是妳想要追求的目標……

女友豈是炫耀的工具？

疑點

他偶遇舊人，一擲千金跟大家重聚，席間妳是亮點，是他捧在手掌心上的高貴花朵。在眾人豔羨的目光下，他向妳告白，此時妳的抵禦能力自然減弱。可是事後，妳覺得他似乎有什麼事瞞著妳，也並非真的愛妳，只是給了妳一個隆重的過場。

線索

遇到這樣的男人，他若經常拿妳向親友炫耀，目的又是什麼呢？妳對他的價值，難道只存在於那些外在條件上嗎？

Q

Page是個職業寫手，氣質清新，長相甜美。大學時就開始創作，畢業前就出版了長篇小說。年前，Page的高中同學Taylor突然邀請老同學們聚會。聽說Taylor在某地做生意發了財，此次同學會的費用全由他一個人包了。而Page，就是Taylor特地第一個邀請的人……

Page畢業後沒找工作，循著學生時期的創作痕跡，自然而然成了職業寫手，在寫作圈裡小有成就。幾年後，Page出了書，也得過獎。在名人書店裡都可以看到她的書在架上顯眼處。當然，在親朋好友眼中，Page儼然是個名人了。

此次接到Taylor的邀約，Page有一點點反感，雖然Page本人不喜歡這樣熱鬧的場合，但想起老同學過去相處就像兄弟姊妹一樣親近，許久未見，便也欣然出席了。

聚會上，Page在Taylor的特別照顧下，成了當天的「重量級」人物。

酒過幾旬，Taylor居然當著眾人的面表示要追Page，直言要負責她將來的幸福，而Taylor提前準備好的求愛場景更讓人家都嚇了一跳。畢業後，Page雖然一直跟Taylor有聯繫，也並不討厭他對自己的示愛，但始終沒有答應交往，可是，若在這樣的場合上直接拒絕Taylor，他一定會很沒有面子。以Taylor的個性，想必會從此恨她一輩子。所以Page想，不然就試著跟他相處看看吧。

Page含羞點頭了，於是聚會又被推向最高潮。Taylor開心得跟個孩子一樣，到處與人碰杯乾杯。

聚會完第二天，Taylor又要請自己的親朋好友聚會，也要Page出席。意思是他要介紹她給自己的家人朋友認識，為尊重，也為了獲得親友的認可。雖然此舉看來是很愛Page的表現，可Page卻總覺得不太舒服，但又不好找理由拒絕，只好隨Taylor去了。

看著Taylor在聚會上一擲千金，拉著自己跟每個人介紹「這是我女朋友」，還特地強調她是大作家、高學歷、藝術家之類的，讓Page覺得非常彆扭。一整晚，臉上笑容都很僵硬。

晚上回去，Page就跟我說起這件事。她說自己明明只是個小寫手，卻被剛打算交往的男朋友拉去介紹成大作家，實在非常心虛，覺得無地自容。

我跟Page討論分析後，覺得Taylor似乎並沒有多愛她。甚至隱隱約約中，還暗藏著其他的目的……

在我們還沒搞清楚Taylor的目的時，Taylor又提出要帶Page去他做生意的那個城市，讓生意上往來的朋友見一見。Page有點身不由己，我勸她去一趟，也許可以看到真相呢！就當是旅遊，反正Taylor也不是什麼壞人。

想來也是，Page便去了。Taylor商場上的朋友見到Page，都大誇Taylor好福氣，而他也照例介紹說「這是我高學歷的作家女朋友」，言語間極盡各種炫耀、誇張之能事。大家一聽，都用格外讚嘆的目光看著Page，Taylor為此還拿出了一疊Page的新書，分送給每個人。

Page在當地待了幾天，意外地從Taylor的員工口裡聽說他有個才分手的前女友，就在當地的某科技研究所工作，Page於是輾轉找去。

女人似乎早就聽聞Page跟Taylor的事，兩人推心置腹談了許久。Page這才知道，他們倆相戀數年，也都見過親朋好友了，但是最終分手的原因是女方家人覺得Taylor只有高中畢業，家裡不過就是有點小錢的土財主，事業也不穩定，覺得他配不上自己家高學歷的女兒。

分手後回家鄉的Taylor遇到Page，在感情上俘虜了她，一邊在親朋好友面前挽回面子，炫耀自己還是可以交到高學歷的女友，一邊帶Page去刺激前女友。

Page覺得又好氣又好笑，Taylor之所以會這麼做，心裡想必還是很在乎前女友的，**但拿自己做為炫耀的道具，未免也太過分了**。面對Page的責怪，Taylor非常誠懇地向她道歉，但是Taylor表示，只要Page願意，他其實真的想試著和她交往。

無須遲疑，Page自然是趕緊抽身走人了。

見招拆招

Taylor並不是什麼壞人，這樣的男人可以原諒，卻不能再信任。而且喜歡不喜歡，不是嘴裡說得好聽就行了，儘管Taylor說得如此動情，排場做得如此之大，但Page明白，那不是真的愛情，不過是Taylor為了滿足自己的面子和虛榮心，而且還是為了另一個女人，才把自己當成炫耀的道具。這樣的男人，就算是個好人，也不能要，因為他明顯是在利用妳來表達對另一個人的愛。

愛妳真的沒理由？

疑點

他在閒散的午後時光走進了妳用心經營的文青小咖啡館，不期而遇的邂逅，觸動了兩顆春心，締結了一段佳緣。只是，那緣份來得快，去得也快。愛情來得溫婉，去得冷清。像是做了場夢，夢裡有人陪妳走了一段，幾天後妳醒來，才發現原來妳對那人一無所知。

線索

妳還記得嗎？遇到的這個男人一開始就說了：「愛妳沒什麼理由……」

Q

Tess經常對我說，她喜歡上一個人都是憑感覺，從來就沒有理由。這一次，Tess就遇到一個跟她有著同樣想法、說法的男人……

我經常鄙視Tess這種說法，因為我認為，喜歡上一個人可以沒有目的，但是一定可以找到理由。通常不承認自己是因為什麼條件或因素才愛上對方的人，要麼是覺得自己的理由太俗氣、太膚淺或是太現實，以致難以啟齒，所以才會用一句話總結：我愛你，沒有理由。

男人去Tess開的咖啡館，因此認識了她。Tess說當時她在吧檯煮咖啡，男人坐在靠窗的位置，經常盯著她看。走時，男人向Tess要了聯繫方式。

男人走出店外沒多久，Tess手機就收到簡訊。男人說：「我喜歡妳，只需一眼，感覺就對了。」

Tess這個有著各種浪漫情懷的女人，看著這封與她心有戚戚焉的簡訊，心就跟著跳快了一拍。於是，一來二去，兩人開始戀愛。男人再來Tess咖啡館時，不需再花錢消費，只消帶了大束的花來，帶了笑容來，帶了自己來。Tess跟我描述這段戀情時，一臉幸福的模樣。說每天開店都有喜歡的人來陪自己，真是一件美妙的事。

我問Tess喜歡男人什麼，Tess又說沒理由，就是喜歡。我說：「妳就別騙自己了，他是不是很帥？」Tess想想只好點頭。我又問：「他是不是很幽默？很浪漫？」Tess又點頭說是。我再問：

「那妳覺得自己為什麼喜歡他？」Tess這下明白了，抓抓頭說：「這麼說來，我喜歡他的理由就是帥和浪漫？」

這就對了，自然是有理由的。所以，我要Tess也去問問男人喜歡她什麼。

男人給Tess的回答自然更煽情，仍然是「愛一個人是沒有理由的，我愛妳，就只是愛妳。全憑一種感覺……」

聽起來多甜啊！但是沒過幾天，Tess心情就黯淡下來，說男人要走了。原來，男人是來這裡出差，等時間，等時人，等事務發展。也許，**男人只是在陌生城市，每天百無聊賴時，才去跟Tess打情罵俏**。

這麼說，男人也許根本沒有愛過Tess。也或許就算是愛，也是有理由的，並非像他說的沒有理由。**只是他的理由，可能有點讓人失望**。比如，他可能只是寂寞，於是愛上Tess的美麗，愛上她的溫婉風情，愛上她的浪漫優雅，愛上她的知性和文藝氣息，甚至是愛上她的咖啡館，認為那裡是個好去處。

一個月後，Tess證實了以上的猜測。她套出了男人的公司名稱，查到地址、電話。然後用陌生身分打去找男人，假借業務聯繫之名，跟總機說男人手機不通，然後要到他家裡的電話。打去，結果是女人接起來，說：「這裡是李公館……他不在，我是他太太……」

Tess刪了那組每天仍會發來煽情簡訊的號碼。當然，她也知道下個月男人再來出差時，她不會再理他了。

這是個高速資訊時代，我們在茫茫人海中相遇的機會多了，聯繫的方式也多了。可我們忘記了等待魚雁往返時的期盼和渴望，失去了靜夜裡筆尖流淌心事時的鄭重和清醒。在這個速食時代裡，人們經常說愛，很多時候只是因為寂寞需要一個伴，需要一個人來打發時間。

當說愛容易，說不愛也容易之後，很多人的「愛」開始變得有所圖。只是有的「圖」是乾淨的，有些「圖」卻是明目張膽地褻瀆愛的聖潔。比如虛榮心，比如佔有欲，比如金錢地位。無論如何，當我們習慣了對太多人說愛後，愛就只是一個字，而不是一個具體的表現了。

見招拆招

別以為愛就沒有所圖，愛也是有所圖的。也許圖在他身邊開心，圖在他身邊浪漫；也許圖她溫柔好騙，圖她善良可愛，總會有一些條件和原因，促使你對他（她）動心或依戀。而那不負責任的愛，常常就是以「沒有理由」的理由而開展。

因為不管愛或不愛，都會有理由。只是真愛的理由，跟自私、滿足欲望、利用對方等負面心態無關。而遊戲的愛情，發生的理由往往只是基於對方帥氣漂亮，或是互有好感、覺得對方有利用價值而已。

誰掌握了妳的弱點？

疑點

他說要奮發圖強，需要時間，需要支援。他能看懂妳內在的美，會說妳的素顏如純淨一般天使。他用說的讓妳沉迷，他用正在努力的假象任妳為他無怨無悔地付出愛情，投入感情、精力和勞力。

線索

這樣的男人，總是把「愛妳」掛在嘴邊，嘴上說得好聽，但是他真的在努力嗎？而在他持續的「努力」後，妳看到了什麼結果嗎？

Q

Vita是個看上去有點中性的女子，平時做事也是殺伐決斷、乾脆俐落，且從不撒嬌示弱。因此，找男友好像一直不是很順利。但Vita始終堅信，一定會有個人能看穿她倔強的堅強，看到她內在的美，看中她不施脂粉的素顏和簡單質樸，然後愛上她乾淨的靈魂。果然，半年前，Vita遇到了自己的王子Tony……

長久以來，一般屬於「外貌協會」的男人大概都會嫌Vita沒有女人味，另一些似乎又覺得Vita個性強勢，不好駕馭。總之，多年來Vita一直很難找到合適的交往對象。

但是自從Vita遇見她的白馬王子之後，生活開始變得不一樣了。Tony能言善道，重點是Vita聽來覺得句句有理，認為他說話不花俏、不矯情。於是很快就對Tony產生信任，之後，Tony就成了Vita的男朋友。

Tony曾做過網路寫手，後來索性辭職在家寫網路小說。但後來好像又停筆了，差不多有半年時間沒工作，過著看似遊手好閒的生活。

Tony解釋自己是在家學習並且研究資料，想要寫篇有文學價值的長篇小說，剛開始是關鍵期，也比較辛苦。其實，看在我們這些好朋友眼裡，都替Vita捏把冷汗。

據Vita說，Tony目前沒什麼收入，還在伸手向父母拿錢。但Vita卻一副很能體諒的樣子，每天按時給Tony送飯，或是直接買菜去Tony家幫他做飯。把他照顧得無微不至，還鼓勵他堅持夢想，她相信他一定可以成功。

對於Tony的說辭，我們有點不以為然。因為我知道，Vita外表看起來很強悍，其實內心柔軟善良，非常崇拜那些愛好文字、喜歡寫寫畫畫的文藝青年。不知Tony在哪裡撿到Vita這個寶，但自從他認識Vita後，每天都會E-mail一封情書給她。海誓山盟，文情並茂，迷得Vita忘記了自己也需要食人間煙火。

Vita對Tony死心塌地，不僅付出愛情，投入感情，還花費精力和勞力，為他包辦吃喝，打理生活。但身為朋友的我們還是不忘提醒Vita，不是每個男人都能成為李安，妳的投資有可能連成本都收不回來，Vita卻說：「只要他一直愛我，並且努力向上，就算不成功，我也不會怪他，不會離棄他。」

我們搖頭，為癡情女人感到憂心。

不過，Vita聽了我們的擔憂後，也有點不放心，於是刻意上網查了Tony過去發表過的網路小說，發現他也並不是什麼網路作家，只是從前就在網路上寫些玄幻小說，寫的不怎麼樣，根本沒有瀏覽率，所以才對寫作意興闌珊。這就算了，更讓Vita失望的是，她挑了一個平常不會去找Tony的時間。悄悄打開門，發現Tony根本不是在研究寫作資料，而是在玩網路遊戲，戴著耳機忙打副本，完全沒發覺在凌晨時分到來的她。

Tony之所以對Vita的感情如此肆無忌憚，是因為他瞭解Vita的個性，知道她從不撒謊，善良好騙，並且崇拜文青。於是在網路上跟Vita聊了幾次後，就順著Vita的喜好和需求，表現出一副上進的模樣好取得信任和支持，以苦情博取Vita的同情後，再以情書當成飯票換吃喝。

但是Tony不知道，Vita背後有我們這些不再天真的軍師和參謀，他的狐狸尾巴遲早還是會露出來的。

見招拆招

不在乎物質享受的女子，一般都很重視精神上的感覺，而Vita這類性格質樸的女子更是如此，覺得物質不重要，認為對方只要肯努力，就是好男人。所以一旦遇上她們覺得很愛自己的男人時，就會付出全部的心力去支持、鼓勵、包容對方。若是遇上了如李安那樣有才氣、有潛力的人也就罷了，怕就怕遇上一個拿努力上進當幌子，其實每日虛度青春的啃老族或懶漢。

倘若真是如此，妳損失的不光是付出的金錢，還辜負了自己的愛情。那種欺騙女人感情加以利用的男人，一般會先看穿妳的弱點，然後對症下藥，讓妳對他死心塌地，無怨無悔。所以，**不要輕易被嘴上說的甜言蜜語感動，不要輕易相信那些漂亮文字所訴說的愛情。**有時一個人愛不愛妳，不僅需要聽見和感受，還需要用眼睛看清楚。看清這個說愛妳的人，到底為妳做了什麼，而不是讓妳不斷地去為他做什麼。

他是不是慣用苦肉計？

疑點

他的帥氣讓許多女人垂涎，他的工作必須經常出入歡場，燈紅酒綠，身邊蜂蝶不斷，妳覺得他跟妳是不同世界的人，可是他卻不放過妳，信誓旦旦說自己跟別人不一樣。他讓妳覺得，他是因為遇見妳才收斂起花心和濫情。可是相處後，發現他仍然讓妳沒有安全感。妳想分手，他卻開始在晚歸的夜裡經常耍苦肉計。

線索

這樣的男人讓妳又愛又恨，究竟他對妳是真情還是假意？情場浪子是真想洗新革面，抑或積習難改？而妳又該如何取捨呢？

Q

Verna的男友Steve是某家夜店的DJ，帥到讓許多女孩子流口水，每當他往舞台上一站，打上聚光燈，戴上耳機，往麥克風一嘶吼，帶動全場氣氛，更是迷倒一大片女粉絲。但自從Steve遇到Verna後，卻表現出一副過盡千帆，那人終於到來自己身邊的樣子……

Steve主動對Verna表現出好感，要了聯繫方式，請她吃宵夜，然後送她回家。Verna是熟女，某公司的高級白領，不缺錢也不缺氣質，但是缺愛情。

Steve帶著不一樣的氣息出現在Verna的生活裡，從他臉上絲絲憂鬱的氣質裡，Verna感受到自己的動心。雖然覺得做這種工作的男人不太可靠，而且年紀還比自己小，可是卻經不住Steve恰到好處的關心和熱切的追求，牽手成了男女朋友。

不過Verna曾表示，自己很小心眼，有點情感潔癖。意思就是，對Steve的工作環境不太滿意也不放心，那麼多花枝招展的女人成天圍著他轉，他真能招架得住？能為Verna潔身自愛嗎？

Steve一再解釋自己不是那樣的人，對那些感情遊戲他早已倦膩，自從看到Verna第一眼，就覺得她才是自己一直在等的人，是想要攜手過一生的人，所以請Verna一定要給他一次機會。於是，Verna把心和人都交了出去。

結果相戀不久，矛盾就開始出現了。Steve雖然嘴上一再承諾不會跟別的女人牽扯不清，但每天下班後還是經常讓Verna找不到人。電話打不通，人也不在上班的地方。終於出現時，Verna不理他，他就一副可憐兮兮的模樣，解釋說自己被朋友拉去吃宵夜，手機被搶去關機了。Verna生氣轉身，Steve就在後面說：「妳不理我，我就整晚就坐在妳家樓下不走。」

Verna上樓回家，發現Steve真的一直坐在樓下的石凳上不走。沒辦法，她只好下去帶他上來。

Verna告訴我們這些事時，有些自我安慰地說：「他應該還是愛我的吧？不然大冷天的坐在外面，也是需要勇氣的。」我回說：「該不會是苦肉計吧？」

Verna眼裡閃過一絲警戒說，「如果下次他還這樣傷害自己，我可真要警惕了。」

的確，對於精明能幹的Verna來說，這些小把戲是逃不過她法眼的。

果然，過沒幾天Verna就告訴我，她故意不理晚歸的Steve，關了門不讓他進屋，結果他在外面用菸頭燙傷自己，還拍了照片用手機傳給她。Verna雖然覺得有點害怕，可又忍不住心疼，只好讓他進屋，選擇再次原諒。

但是Steve的行蹤還是不清不楚，時常有女人打電話找他，或是晚上遲遲不回家，甚至徹夜不歸。如果Verna生氣不理他，他便喝得大醉在門外哭鬧，Verna不得已開門，見他不是身上摔傷，就是被菸頭燙傷。

對Steve的自殘行為，Verna有點被嚇到了，決定離開他。她換掉門鎖，又換了電話號碼，請了年假出門旅遊，半個月後回來，匆匆搬了家。

與Steve之間雖然結束了，但Verna對於這份有點突然又不同於一般的愛情，最後落得這樣的結局，心裡還是有些難過。畢竟Steve的確是個讓人著迷的男人，但是，**一個經常以自殘示愛的男人，他其實並不懂得愛人，因為他還沒學會愛自己。**

見招拆招

苦肉計是最直接、最震撼，也最好用的手段，通常都可以令對方屈服，達成自己的目的。但這種手段並不是愛，只是一種達成目的的方式。就像Steve，每次做錯事就自我傷害，無非是想搞定Verna後，讓她能認同自己的行為，並且聽之任之。

這類男人就像毒品，一旦上癮，絕對有害身心。苦肉計使個一、兩次會讓妳覺得感人，認為他很在乎妳對他的橫眉冷對，想乞求妳的原諒。可是次數多了，妳就要想清楚，他是因為真的很愛妳而不想失去妳，或者，只是不想失去一個被自己控制的玩物而已。

為什麼他願意陪妳看肥皂劇？

疑點

妳偶然發現，他跟妳有著難得的共同愛好，而且是許多男人都不屑的愛好，於是，妳當然不想放過這樣一個難得的男人。相愛時，他的確如妳期望和喜歡的那般陪妳看電視肥皂劇。但是，妳若稍加留心，就會發現他在陪伴妳的過程裡，卻向妳婉轉提了更多的要求？

線索

遇上這樣的男人，是否覺得自己像掉進了一個陷阱？關於他說的每一句話，請仔細聆聽並好好思索，他所提出的諸多要求，妳真的負荷得了嗎？

Q

思思看到新來的同事Sid某日下班後沒去吃飯，而是叫了外賣，一邊吃一邊在電腦前看韓劇，津津有味的樣子讓思思頓時心跳不已，感覺自己彷彿千年遇知音……

之所以有這樣的感覺，完全是因為思思是個徹頭徹尾的韓劇迷，不管電影還是電視劇，不管浪漫言情還是家庭倫理，她都如數家珍，閒時沒別的愛好，就是愛看韓劇。可是，現實裡沒人願陪她看。比較熟悉的朋友都勸她：「妳別看得走火入魔，得了公主病和愛情幻想症，小心以後嫁不出去！」

思思心直口快，當時馬上回道：「才不會，我什麼也不挑，只要能遇到一個願意陪我一起看韓劇的男人，我就會全心全意對他好。」

所以，見到Sid看韓劇這一幕時，思思馬上覺得眼睛一亮。她主動接近Sid，兩人第一次相約吃飯時，Sid就說自己愛看韓劇，表示別的男人不懂欣賞韓劇裡的細膩，還列出一堆韓劇的優點，讓思思聽了十分開心，心裡便認定了Sid。

沒多久，他們果真在一起了，兩人好像真沒有別的愛好，下班一起回去後，Sid就陪思思在家看韓劇。過程中，Sid會偶爾說好餓、好冷、好渴之類的，思思馬上就去為Sid煮吃的、端水、拿外套。無微不至，體貼不已。

思思在網路上跟我聊起Sid時，開心得不得了，好像自己撿到了稀世珍寶，我隔著電腦都能想像她眉飛色舞的樣子。我卻忍不住潑冷水說：「**他是真的那麼愛看，還是為了討好妳才陪妳看**？妳可要保持清醒啊，傻女人！」

思思頓了一會兒，才傳來一個「悲傷」的表情符號說：「好吧，不能一時暈了頭，還是得再檢驗一下這個男人的真心才行。」

其實，思思必須檢驗的是，這個男人除了會陪女友看韓劇之外，還有什麼別的優點，適合與他繼續交往。但是在接下來的時間裡，思思卻發現事情原來不是她想的那麼簡單。

Sid一直表現得跟她很有默契，除了都喜歡看韓劇之外，他還非常瞭解她，包括她的生活習慣和性情。兩人聊到某件事時，他會跟她有相同的見解，而且非常認同她的觀點。這讓思思再次覺得Sid是千載難逢的知心人，於是越覺得自己應該對他更好。

但慢慢地，思思發現，每次Sid陪她看韓劇，當兩人很投入地一起分析劇情時，他都會在中途停下來提出一些要求，都是些很婉轉的要求，比如突然拿起手機說：「啊，手機壞了，得換一個，可是這月卡刷爆了，要是接不到妳電話怎麼辦？」思思有時正沉浸在劇情中，便順手拿了自己的信用卡遞過去說：「先刷我的……」

當這種事發生三五次後，思思終於驚醒了。某個月她接到帳單，發現自己竟刷了近十萬元的卡費，除了自己消費的部分，光Sid一個人就刷了七萬多元。思思突然覺得有點背脊發涼，仔細回想，自己每次對Sid有求必應，好像都是在他把自己哄得特別開心的時候。

不久後，思思發現自己部落格早期的一些文章有Sid的來訪紀錄。他一篇篇看，直到最新的一篇，原來他平時一直有計畫地在瞭解思思的生活和想法，待摸透底細後，一舉擄獲芳心，不僅抱得**美人歸，還得到額外的附加價值**。

至於結局就不細說了，自然是有些不愉快。但是由此可以看出，女人總是在乎感覺，任憑情緒壓過理智，若有心懷不軌的男人想接近妳、利用妳，只需瞭解妳的愛好，妳渴望怎樣的愛情，再說些中聽的哄妳開心，放低姿態陪妳做任何妳想做得事，手段高明一點的還能假裝自己真的和妳有同樣的愛好，讓妳覺得能遇到他真是自己的福氣。其實他們可能並不愛妳，只是覺得妳好騙罷了。

見招拆招

也許他們在陪妳看韓劇和聊服裝打扮時，心裡卻在罵著好無聊或是想著網路遊戲、跑車、球賽之類的事。只是演技高明的人，會讓妳覺得他真的是妳的知己，而演技不高明的人，反倒還顯得比較誠實。

總之，遇到什麼都附和妳、認同妳，並且愛好都與妳一樣的男人，可要小心。天底下哪有兩個想法、觀念、見解和習慣都一樣的人呢？哪怕妳去迷信韓劇裡的唯美愛情，都比迷信有那個與妳完全契合的男人會出現要安全一些。

假推辭？還是欲擒故縱？

疑點

家人一朝出人頭地，你們全家都成了有錢人。於是，原本平凡醜小鴨一般的妳，突然有了一大堆追求者。妳當然不傻，知道他們打什麼如意算盤。妳不斷拒絕，卻越覺孤單。這時，他以老朋友的身分出現，追求不急不徐，還處處拒絕妳送的物質禮物。

線索

遇見這樣的男人，不知他是真不知妳的家底已不可同日而語，抑或只是欲擒故縱，耍著妳玩心理遊戲？

Q

小妙的老爸近幾年生意做得很成功，可謂一夕成了暴發戶。而小妙也從此翻身成了富二代千金，但是戀愛卻不敢輕易談了。因為小妙發現，追求者比以前明顯多了許多……

小妙從此不用再工作，在老爸的金錢支援下，開了間服飾店，她發揮自己的設計專長，設計出獨一無二的服飾，有個性，也有市場。於是錢滾錢，越滾越多。

但是戀愛，她卻不敢輕易談了。因為小妙發現，追求者比以前明顯多了許多……

就連那些過去她曾示好但對方不領情的男人，也都一反過去的冷淡，熱情殷勤了起來，這意圖未免也太明顯了，小妙從此提高警惕，不輕易接受男人的追求。

但是有那麼一個人，真的很不一樣。那是小妙的高中同學Sean。Sean跟小妙的關係一直很平淡，一群同學中兩人偶爾說話，但也僅止於寒暄，沒有深交，更從不過問對方的家庭生活。

可是前不久，Sean突然打電話給小妙，說自己被調到了小妙所在城市的分公司工作。想起她在這裡，所以很自然地說：「見個面吧。」

吃飯期間，Sean才問小妙現在工作是做什麼的，家裡父母好不好？弟弟學業完成沒有，云云。

小妙頓時放鬆了下來，看來Sean完全不知道自己已從醜小鴨變成了天鵝。所以飯後，小妙帶Sean去了自己的設計工作室，參觀樓下佔地廣大的服飾店面。Sean的表情平靜，只說：「妳很適合做這行，好像也是妳的專業，設計的品味不錯。」

聽到這話，小妙不禁心跳加快了些。**這個人不關心自己事業做得多大、賺多少錢，而是誇讚她的專業能力**，想必他還不知道她老爸做生意賺大錢的事，應該也不在乎她有多少錢吧。

為此，小妙跟我討論，要對Sean進行一次考驗。她故意在Sean面前擺闊，三天兩頭請他吃飯，或是一起去酒吧、咖啡館。小妙每每搶著買單，Sean一副很生氣的樣子說：「男人花錢請女人吃飯是天經地義的事，妳別跟我搶！」

小妙每次看著Sean慷慨付錢，心裡的花就多開了一朵。開著開著就愛上他了。可是Sean並沒有表態，但每天下班後兩人必定會見面，然後Sean送小妙回去，送到家門口，道過晚安就轉身離開。

如此反覆近一個月，小妙沉不住氣了，於是主動向Sean告白。Sean聽完後說：「我其實也喜歡妳，不過妳看我，現在沒房沒車，工作還不穩定，怎麼配得上妳？養得起妳？」

小妙脫口說：「那都不是問題，房子車子我都有，我的就是你的啊……」

聽小妙都把話說到這程度了，Sean猶豫片刻，還是低下頭說：「讓我考慮一下。我不能讓妳受委屈。」當晚回家，Sean又發了訊息給小妙：「妳真的很好，我也真的很愛妳，可是怕妳跟著我太不值得，我希望妳幸福……」

如此種種顧慮，讓小妙心裡好感動，覺得好難得遇到一個是真的愛自己，而不是愛上她身家財產的人。當下，小妙再也不管Sean的推託，打定主意要更主動一些，話到情深處，小妙當晚就自己送上門去，情不自禁撲進人家懷裡。

熱戀中的小妙告訴我，Sean從不花她的錢，而且還拒絕她送的貴重禮物。聽到這裡，我反而有點擔心，問她：「你們已談論婚嫁了嗎？」

小妙說：「我提了，打算年底就跟他結婚，所有嫁妝我爸早幫我準備好了……」

我再問：「Sean真不知妳爸發財了？」

小妙愣了一下，想了想，覺得好像有點不對勁。Sean跟小妙是同鄉，老家那裡人人都知道她爸爸暴富的事，他回家時總會聽說一點消息吧？但他從來沒提過，似乎不知道的樣子。再說，為什麼他剛好工作就調到這裡來呢？

面對疑點，小妙心裡不安了起來。雖然真相很殘酷，但不問個清楚，如論如何都無法安心。於是小妙詢問了跟Sean熟悉的老同學，得知Sean沒多久前才回老家待了一陣，後來便說要去小妙所在的城市工作。當同學再問他們兩人現在交往得如何時，小妙的心已冷了。

原來Sean什麼都知道，所以才假裝不接受小妙的小恩小惠，**其實，他要的是大回報**。他的欲擒故縱做得淋漓盡致，再者，小妙因為他老同學的身分，對他也少了些防備。雖然最後Sean承認了，但又強調他其實是真心愛著小妙的，但小妙的心裡卻打了個結，至於能不能解，就是後話了。

見招拆招

每個女人的戀愛經驗中，總碰過幾次不純粹的愛情。因為我們害怕受傷，不敢完全信任對方，於是漸漸學會了耍心機，學會了欲擒故縱，甚至學會了愛必先有所圖。可是當我們在學時，男人們也在學。

所以，當妳對許多直接表現自己目的男人很反感時，不要以為那些比較含蓄的男人就真的可信。有些人敢於說出目的，倒也安全坦誠；而另一些有目的卻不直說，卻用手段和陰謀去達到的人，自然更是可怕。

前女友為何陰魂不散？

疑點

他一副善良可靠、鄰家大哥哥的樣子，讓妳覺得安穩踏實。你們吐露心聲，彼此關心理解。當你們順理成章談戀愛時，卻發現他的前女友經常出現在他的電話、簡訊裡。面對妳的質問和懷疑，他會給妳一個極其無奈不得已的理由。

線索

遇上這樣的男人，為了讓他的前女友不再陰魂不散，與其出面幫他解決問題，不如仔細瞭解，究竟是什麼原因讓他們一直藕斷絲連。

Q

最近有人對Tammy展開追求。男人叫Paul，來自別的城市，在Tammy家不遠處開了間便利超商加盟店……

Tammy經常去買東西，一來二去，慢慢也就熟識了。男人看起來儀表堂堂，態度溫和善良，他試著向Tammy要了聯繫方式，並遞上便利超商的店卡，告訴她有需要買東西又不想下樓時，可以打電話訂購，他會親自送貨上門。

面對如此溫和有禮的男人，Tammy也沒什麼防備之心。於是你來我往，像好朋友一樣先相處著。Tammy那時剛失戀不久，情緒有些不穩定。有時心情不好，就要Paul陪她去酒吧喝點酒、聊聊天，排解鬱悶之氣。

Paul安慰Tammy，說自己也失戀不久，前女友找了比自己更有錢的男人。Tammy一聽，反過來安慰Paul。Paul卻顯得很淡定：「我沒關係，本來她也不是我特別喜歡的類型，當初是她主動想跟我在一起，現在又甩了我，我就當她是妹妹，願她現在幸福就行了。」

Tammy聽了，越發覺得眼前的Paul是個好男人。於是忍不住問了句：「那你喜歡哪類型的女生啊？」

Paul意味深長地看著Tammy笑了，然後說：「如果我說，我喜歡的其實是妳這樣的女生，妳信不信？」

Tammy心裡在笑，臉上卻裝做不信的樣子，急忙端起杯子跟Paul喝酒。

不過，那夜之後，兩人的關係親近了許多。彼此吐露了心聲，接下來就可以順理成章談戀愛了。他們後來經常見面，互相關心，然後就成了男女朋友。可是，相處時間多一點後，Tammy才發現，原來Paul跟前女友仍有聯繫，而且還很頻繁。那位前女友幾乎每天都來看Paul的臉書，無非是看看他的照片或生活動態，不時按個讚、留個言。

Paul若是幾天沒更新動態，前女友就會發訊息問他在不在，而且三天兩頭就打電話給他。Tammy有點沉不住氣了，但是Paul卻解釋說前女友有正事找他，因為他開超商時，前女友也投資了一點錢，所以也不好完全不理人家，這樣太不厚道了。

Tammy沒辦法，只好忍氣吞聲。

我向Tammy提議說：「不如妳告訴他，妳幫他先還錢，那樣就可以不需要再聯繫前女友了。」

Tammy說：「我哪來的錢啊！再說，就算有也不能輕易拿去替他還，我們才剛剛開始呢！」

我說：「妳傻啊，當然只是試探一下而已！」

結果，兩天後，Tammy告訴我，他們分手了。原來，當Tammy說願意幫男人還錢後，男人先是裝出一副「不能這樣」的樣子，之後又說這樣也好，他超商才開不久，還沒有回本，等賺了錢以後也是Tammy的，反正都是一家人了。

總之，男人說得很好聽，但目標就一個，Tammy會拿錢出來幫他還掉。可是當晚，Tammy在超市外打電話叫Paul出來一下，說自己帶了東西要給他，她見Paul出了店門，自己則悄悄溜進超商櫃檯，看到電腦上，Paul正在跟前女友對話，說過幾天會寄錢給她，要她安心做自己的事，還有其他曖昧關心的話語，看得Tammy差點沒吐血。

原來Paul所謂的「前女友」，才是真正的正牌現任女友，Tammy不過是被蒙在鼓裡，莫名其妙成了別人的小三。**男人的目的，只是想從別的女人處獲取利益，不管是借錢還是騙個人陪。**

見招拆招

這樣的男人現實裡很多，妳說不清他到底愛的是前女友還是現任女友。他可能會從現在的女人那裡拿到錢給前一個花，也可能從第三個女人那裡拿錢給第二個花。總之，他們看上去溫和老實，容易讓人信任，讓人同情，並且貼心、交心。

從他們的外表，妳看不出任何貪念和邪惡，他們甚至像鄰家大哥哥一般，對妳親切體貼卻無非分之想。因為，他們對妳的人並沒有太大興趣，只在乎妳身上是否有利可圖。這個利可以是錢，可以是物，甚至可以是一頓飯、一頓酒。

想來，遇上這樣的男人，可真是倒人胃口。

他介意妳剪去長髮嗎？

疑點

你們第一次見面時，正巧妳打扮得高貴迷人，光鮮亮麗。他似乎對妳一見鍾情，於是繼續聯絡互動，說不盡的甜蜜。第二次見面，妳卸下第一次見面時為了配合正式場合而刻意做的修飾，恢復原本簡單樸素的清新模樣，想與他坦誠相待……

線索

遇見這樣的男人，妳認為，當他見到妳恢復平常裝扮，甚至剪掉長髮後，他的第一反應會怎麼樣呢？

Q

小莫在朋友聚會上偶遇朋友的朋友Quinn，兩人都像是帶著質感的那類人。於是在旁人大肆的喧嘩中，出現了異樣的眼神交流。聚會結束後，Quinn送小莫回家，並交換聯繫方式。

那天小莫穿了一套清新亮麗的洋裝，踩了高跟鞋，化了淡妝。其實，那些都是小莫室友為她打理的，洋裝和高跟鞋是室友的，化妝品也是室友的。因為平時的小莫，舉手投足有些中性，不愛打扮，清淡得像株遺世獨立的小草。

但Quinn那天見到的小莫，是一朵開得正芬芳的花朵。

此後Quinn經常打電話或發簡訊給小莫，因為彼此都忙著工作，再約見面的時間也不多。於是就這樣隔空聯絡了很長一段時間，相談甚歡。男人表示喜歡小莫，甚至說見她一面就有想娶回家的欲望和衝動。

小莫說：「我們不過才見一面，你真的瞭解我嗎？」

Quinn說：「**我愛上妳，愛上妳這個人，跟別的東西無關。**」

小莫聽來覺得浪漫感動，倒也慢慢卸下防備，有心投入這段感情。

可是第二次見面時，小莫恢復平日的模樣。T恤、牛仔褲、帆步鞋、素顏。站到Quinn面前時，小莫明顯看到他眼裡閃過詫異和失落。重點是，小莫剪了短髮。

Quinn試探著問：「妳不喜歡長髮嗎？」

小莫說：「平常忙，打理長髮麻煩，就剪了。怎麼，不好看嗎？」

Quinn急忙擺手，表示短髮也很好看。

但那一天，小莫明顯覺得Quinn話少了許多，舉手投足總有些不自在的感覺。難道是因為緊張？那天兩人早早結束約會，Quinn雖然仍然客氣禮貌，還將小莫送到家門口，但轉身離開時很乾脆，也很迅速。

回去後，小莫跟我聊起這事。推測是哪裡出了問題，後來便說到了第一次跟第二次見面時自己外表的不同。

想必，問題就出現在小莫的打扮風格上。這樣看來，Quinn其實並不像他所說的那樣，愛上一個人只是感覺，沒有標準。他應該就是一個膚淺、只看外表打扮、有著虛榮心的男人。第一次見到的小莫，出眾，驚豔，並且內在氣質與眾不同。

而第二次見到的小莫，打扮不同，但內在氣質仍然在，只是Quinn不再懂得欣賞。這類男人要的女友或老婆，主要是給親朋好友看的，**不是自己覺得好就好，而是別人說好才是真的好**。

這樣的男人，最初會暗示女人打扮得有女人味一些——留長髮、穿短裙、化淡妝，打扮精緻，走出去豔光閃閃，引人注目，而不是大剌剌地隨便穿搭，放進人群中找不到的普通和隨意。他們認為，帶著華麗的女人出門，才能彰顯他們的身分，才能撐起他們的面子。虛榮心是這類男人的心理特質。所以，他們說的愛，肯定不純粹，也不真實。

見招拆招

這類男人要的，可能只是一個好看的花瓶，根本不在意花瓶裡是否有水或是否實用。

所以，就算妳是一個看上去樣式不錯的花瓶，在試探這樣的男人時，也可以故意把自己弄成灰姑娘般出現在他面前，讓他看看生活裡普通的自己。然後觀察他的反應，他恭維妳時說的那些連篇謊話，在他閃躲的失落眼神裡，很快就會一清二楚地表現出來。

當然，這類男人還有更實在一點的，會明確或婉轉地告訴妳，妳應該打扮得更有女人味一些。如此在意妳外表的男人，趁早將他打入「冷宮」，不用再翻身。因為這樣的男人，不光虛榮，還有大男人主義。

他們不懂得愛上一個人，首先要尊重對方。所謂尊重，包括對方的所有生活習性。也只有那些看清妳平凡真面目還愛妳如初的男人，才是真正懂得愛的人。因為他們看到的是妳的內在和靈魂，才不會因為歲月和外在改變，而迅速消退他們對妳的愛和喜歡。

PART 3

遊戲or愛情？

他們將愛情當成遊戲，若因爲犯錯而出局，

大不了按ESC鍵退出，重新再來一遍即可。

尋找知己只是藉口？

疑點

他才貌雙全，卻喜歡待在虛擬世界裡不斷尋找「知己」。當妳禁不住他的溫言軟語，成為他的知己後，卻發現他並沒有就此停下腳步，而是將人生當成了一個開滿鮮花的花園，他會終其一生在這園子裡，一路走，一路聞著路邊的花香。

線索

所謂尋找知己，不過是他用來尋芳聞香的一個藉口罷了。

Q

Amelia最近認識了一個男人Aaron，長相對得起觀眾，氣質也不錯。今年二十八歲，單身。工作之餘的時間，Aaron常會投稿一些雜誌報刊，寫點小文章，算是個才貌雙全的文藝青年。為此，Aaron在網路上也有不少粉絲，當中自然不乏喜歡文學和帥哥的女性，Amelia便是其中之一……

兩人在網路上互動，發現彼此居然在同一個城市，於是你來我往後有了第一次見面。彼此一見如故，十分談得來。Amelia更多的是對Aaron的崇拜之意，因為她也算是個愛好文學的小清新女子，只是不得要領，現在邂逅Aaron，覺得生活頓時有了希望。因為Aaron在這圈子裡混得得心應手，頗有名氣。

言談裡，Amelia談到自己的朋友很少，就算在網路上也難有談得來的網友，認為能遇到合適的、心靈有所共鳴的人實在很難。Aaron便說：「那妳以後想要找人聊天時，就找我，只要有空，我一定陪妳。」

後來Amelia對我說起Aaron時，喜悅溢於言表，彷彿遇到失散多年的同類一樣。看這態勢，Amelia遲早會墜入那個文青編織的情網。果然，隔了幾週，Amelia便說Aaron向她告白，問她願不願意與他交往。Amelia當然沒有拒絕，好像一切順理成章。

看著Amelia不時在網路上曬恩愛，但與其他人的互動裡卻不見Aaron的影子，我便問她：

「Aaron怎麼從不回覆妳發的動態？至少也出來應一聲吧？」問題有點尖銳，但Amelia是聰明人，她沉默片刻後說：「也是哦！為什麼呢……」

很快，Amelia告訴我，她四處查看有Aaron活動的論壇和網路社群，發現他十分活躍。臉書和部落格裡，他跟粉絲們的互動，並不因為有她這個女友的存在而減少或懈怠，仍然和女粉絲們打得火熱。

某天Amelia便在Aaron趴在電腦前跟人聊得起勁時，故作輕鬆試探地問：「整天跟一幫姊姊妹妹都聊些什麼呢？談情說愛？還是舞文弄墨？不怕對不起你家娘子我嗎？」Aaron說：「我明確告訴過她們，我是有女朋友的人，且那些女網友不過是普通知己罷了！有時聊點文字上的事情而已，妳不要大驚小怪。這只是正常交流，寫作經常需要交流嘛！」

Amelia啞然，隔天跟我待在一起時，用我的帳號加了Aaron好友，然後故意表達出海內無知己的感嘆，問Aaron是否也缺知己呢？那傢伙答：「經常能遇到一些談得來的，可是過一段時間，又總覺得哪裡感覺不對，然後就慢慢不聊了，便再換一個！」我再問：「你是遇到更聊的來的人才換呢？還是覺得不如意就先停下來呢？」Aaron頓了一會兒說：「應該都有吧，有時也會同時遇到幾個談得愉快的人。但真正能達到我要求的紅顏、藍顏知己標準的人還是很少！」我們再問：「那女朋友難道不是知己嗎？」Aaron答：「**女友也許跟婚姻有關，跟陪伴有關，至於算不算知己，就不一定了……**」

Amelia臉色黯然，不再試探。Aaron這個道貌岸然的傢伙，不過是仗著有幾分「姿色」和才氣才得到一堆女人的崇拜。**他所謂的尋找知己，也不過是一個尋花和滿足自我成就感的過程。**

如果說Aaron的人生是一座開滿鮮花的花園，他就會終其一生在這園子裡，一路走，一路聞著路邊的花香。可能會克制自己不要隨意採下哪一朵來，但很多他覺得還不錯的花影前，都會有他停留的痕跡。而他總覺得前面應該還有更美好、更芬香的花，所以不會輕易停下腳步，繼續前行，一路觀賞駐足。這個過程，也就是Aaron所謂尋找「知己」的過程。

其實生活裡，我們常聽人說「人生得一知己足矣」。大家都渴望遇見那個彼此靈魂相繫的知己，有時候他們覺得遇上了，但很快或最終又覺得這個知己不滿意。所以放棄了這一個，繼續尋找下一個。

見招拆招

終其一生，都有人拿「尋找知己」做幌子來欺騙自己和別人。他們一路上遇見並拋棄許多知己，然後在老時才來比較誰最「知己」。其實，我們獨自來這世上，再獨自離開，永遠無法找到靈魂完全相同的另一個人。懂你的人，也不過只懂得你的片面和點滴，畢竟連自己也永遠無法完全瞭解自己。

所以很多時候，那些不斷尋找知己，並且始終覺得此知己不如彼知己的人，不過是一種玩曖昧的藉口和貪欲罷了。

他為什麼消失於人海？

疑點

單獨相處時，他溫柔體貼，無微不至，讓妳感受到濃情蜜意。可人海裡，他卻離妳十分遙遠。他們會給妳一個非常合理的疏離藉口，但歸根究柢，妳會覺得他像兩個不同的人。身處人海中，他和妳便只是兩個陌生人。

線索

若不能隨時隨地感受到那個人的愛，妳是否要仔細想想，這個人背後是不是隱藏著什麼不可告人的祕密呢？

Q

Bonnie剛到一家公司上班，這裡規定員工之間不許談戀愛。但Bonnie沒多久卻喜歡上了同事阿哲……

Bonnie眼裡的阿哲，表情矜持高傲，讓她覺得有點不安，一直擔心他不好相處，怕有些需要雙方合作的工作會帶來煩擾。

可是一次出差考察時，公司安排Bonnie跟阿哲一起去。兩個人搭乘巴士再下車徒步進郊區，阿哲像變了個人似的，一路上對Bonnie關懷備至，路上有個小石頭都會提醒她小心。山區天氣涼，阿哲見Bonnie沒有戴圍巾也沒有手套，便取下自己的親手給她戴上。那一刻，Bonnie看見阿哲眼裡的無限溫柔，聽到了他聲音裡的親切，心裡微微泛起了漣漪。

那天因為一些工作上的問題耽誤，他們沒辦法當天返回公司。只能臨時住在公司搭建的工程屋裡，那是看守藥材園工人的宿舍，只有一間，有一張木床和一些髒得看不出顏色的被褥。幾把破舊的木椅，一個燒木柴的火爐。沒有自來水，水井離得很遠。屋裡僅有少量的水裝在塑膠桶裡，不敢隨意使用或浪費。

Bonnie自小在山裡長大，這一點苦倒是不會放在心上。倒是來自大城市的阿哲，聽說家境不錯，從小養尊處優。Bonnie擔心他吃不消，夜裡將床讓給他睡。可是阿哲跟她推辭很久，但想著白天還要去藥材園區做實地指導，只好依Bonnie的意思。睡前，阿哲把自己要價不菲的羽絨衣脫下來裏住坐在火爐邊的她，又把涼了的飲料拿到爐火邊烤到溫熱遞給她……

後來的幾天，他們因為工期耽誤，仍然沒法回公司。那幾天裡，他們「相依為命」，早晨阿哲會為Bonnie擠好牙膏，夜裡為她蓋好衣服，燒好爐火。就連泡麵也是阿哲動手泡的。閒時，他們坐下來聊天，總有聊不完的話題，相處氣氛愉快而和諧。阿哲的笑容和體貼，讓Bonnie的心動了又動，彷彿就那樣在患難中，簡單又純粹地愛上了他。

回到城市裡，在公司見到阿哲，他忙著跟主管和同事打招呼，談些工作上的事，幾乎沒跟她說一句話。只是中途目光遇上，他微微笑了一下。那個笑，讓她覺得像是最基本的禮貌而已。但Bonnie想，也許是因為公司規定不能戀愛，所以他得保持距離，因此沒有放在心上。

那晚，公司舉辦了小型聚餐。席間阿哲仍然跟Bonnie沒有任何交集，人潮散去後，他才聯繫Bonnie並來找她，順便帶了束花告白心意。Bonnie有絲絲遲疑，但又說不出哪裡不對勁，阿哲說：「妳知道公司的規定，所以我們的戀情現在不能公開，只能談地下情。雖然很委屈妳，但是我還是忍不住想跟妳告白……」

Bonnie聽完深受感動，便接受了阿哲的告白，畢竟她自己也是喜歡他的。

這段不能見光的戀情持續了一個月，期間在人多的時候，阿哲就跟Bonnie保持距離。雖然這感覺很不好受，不過Bonnie還是一再安慰自己，認為是公司規定的關係。後來她告訴我她的困擾。我說：「妳既然那麼喜歡他，就辭職換個工作，不就可以跟他戀愛了？」

Bonnie開心地回去找阿哲商量，卻發現阿哲聽完後並不覺得高興。還說她不思進取，為了兒女私情就要跳槽。Bonnie十分委屈，說不如跟阿哲做普通同事，**因為在人群裡時，Bonnie就像失去**

了阿哲一樣，絲毫感覺不到他的愛。

我不知如何安慰Bonnie，但隱隱覺得阿哲也許不單只是因為公司規定才和Bonnie保持距離，於是，我暗示Bonnie去跟公司女同事套交情，悄悄問出她們同樣不能見光的辦公室戀情。果然，不到半個月，Bonnie就從其中一個女同事阿嬌那裡得知，阿哲跟阿嬌已經悄悄戀愛一年了。

Bonnie腦子裡轟響一片，但真相得知不算晚。她也終於明白，自己當初對阿哲的那點遲疑所為何來，那就是阿哲只有在跟她單獨相處時，才像是在戀愛。而在人群裡，無論是陌生人還是熟悉的人，他似乎都不怎麼理她。在公司裡或許不得不如此，但在外面別的朋友圈裡時，就沒必要這麼注意了啊！

見招拆招

其實，一份投入了真心的感情，不管有什麼條件限制，妳都要能感受到他的獨特關懷和愛的表現。若他總是在人群裡讓妳覺得陌生，彷彿消失不見一樣，那麼就留心他另有隱瞞的目的。公司的硬性規定並不可怕，可怕的是用那種謊言騙妳談地下情的人。

他究竟有幾個好妹妹？

疑點

他事業有成，玩興勃勃，經常呼朋引伴，那群人裡有好幾位他所謂的表姊、堂妹。他們的相處熱情親密，似乎真的像一家人一樣相親相愛。他財大氣粗，不拘小節，而那群妹妹們待他也像親哥哥一般……

線索

可是，遇到這樣的男人，妳覺得真如他所說的那樣，有數不清的親族姊妹嗎？她們真的只是他的「妹妹」嗎？

Q

小憶是個性情溫厚、豁達寬容的女孩。這陣子認識了一位事業有成的男人，是某軟體公司的創辦人。男人跟小憶因業務交流而認識，為了公事一起吃過幾次飯。男人看出小憶性情溫婉，席間表現得十分殷勤。後來，男人便開始私下約小憶見面……

男人說自己家族很大，爺爺輩就有十幾個兄弟姊妹，所以他老家所在的整個鎮，幾乎全是族人。而小憶則是六親疏離冷淡，親友們幾乎都沒什麼聯繫。所以對男人這樣的家庭背景十分好奇，常常問他家族聚會時是不是很熱鬧？回家過節時是不是感覺很不一樣？對於習慣孤獨冷清的小憶來說，那完全是另一種不同的繁華生活。

男人點頭稱是，說他現在也不孤單，在這個城市裡的眾多朋友，就有許多他從家鄉帶出來的表兄弟堂姊妹，大家不論親疏，都像朋友一樣，平常休假時就聚在一起，一點也不覺得孤單。男人說：「以後，妳也可以是我們這個圈子裡的一員。」

看著男人閃亮熱情的眼神，小憶紅了臉，彷彿人生就此變得不一樣了。

此後，男人常帶小憶一起去參加聚會。有時一起吃飯，有電話找他，他便告訴小憶，是某個表妹或堂妹找他玩，小憶便說：「那就叫來一起啊！」男人說：「可我想跟妳過兩人時光呀！」小憶說：「我也得融入你的生活嘛！總不能讓你家族裡的兄弟姊妹覺得你被人搶走了！」

看著小憶如此體貼，男人輕輕揉了揉她的頭說：「妳真是個懂事體貼的好女孩。」

於是，**兩人的約會漸漸變成了一群人的狂歡**。男人的表妹表姊、堂妹堂姊，經常出現在小憶的視線裡，只是，小憶總覺得她們看自己的眼神有些奇怪。

小憶跟我提起這種困惑。我也覺得奇怪，家族再大，也不至於有那麼多妹妹、姊姊經常聚在一起吧。手足們長大了，不就分散四方各自發展嗎？怎麼會那麼巧，都在同一個城市裡。

小憶表示，下次得留心觀察一下男人跟這些妹妹們的互動狀態是否正常，因為在此之前她並不特別在意，因為大家都玩瘋了的時候，拉拉扯扯也很自然。而小憶孤獨太久，有一群人能一起玩，感覺並不壞。

只是小憶開始考慮，若要跟這男人進一步交往，一直這樣好像也不是辦法。於是小憶試探著問男人那些表妹們的名字和工作。男人說：「人那麼多，我說了妳也記不清，何必費心去記。」小憶一回想，才覺得男人在跟大家相處時，一直都是以大表妹、二表妹、三表妹來稱呼，嘻哈笑鬧間，誰也沒去管誰的名字。反倒是小憶，也被男人介紹給表妹們說：「這可是我小表妹哦！」小憶看著男人的笑臉，以為只是玩笑，但也沒做解釋。

現在想來，倒像是掉進了一個陰謀。

正當小憶心存疑惑之際，某天夜裡男人邀小憶去他家。小憶舉棋不定，同行的表妹又撒嬌要男人送她回家，於是，小憶臨陣脫逃了。雖然男人的確很吸引她，但小憶還是覺得哪裡不對勁。

改天男人再邀小憶時，我們決定讓小憶要求去他家族的小鎮上看看。順便打聽一下他們那裡的姓氏族人，是否真像男人說的那樣十分壯大、表妹表姊眾多。結果，男人藉口工作很忙，推掉了。

想起平時男人接聽電話，左一句小妹，右一聲表妹的，我跟小憶都覺得此男的確不太可靠。就算家族再大，各個表妹也得有自己的生活，老纏著這可哥到底怎麼回事？簡直就是個十分低劣的藉口和謊言嘛！而小憶深陷其中這麼久，一來是她對男人有意，所以潛意識會忽略真相，再者，兩人還不算正式戀愛，矜持的小憶自覺不好過問對方具體的細節。

但面臨是否正式交往時，小憶還是保持清醒和懷疑的態度。終於，她在其中一個表妹喝醉後套出了真相。男人的那些妹妹們，有些的確是表妹、堂妹，只是同行的其他女人都是妹妹們帶來的朋友，有些還是他公司的女同事，只是平時他總是大談合作精神，表示大家要像家人一樣親近，才有團隊共同進步的意識，因此經常邀她們聚會。

見招拆招

女人們當然也不嫌棄這個財大氣粗、又外表不俗的「哥哥」。不過是默契相處，吃喝玩樂罷了。但對於想認真戀愛的小憶，此男自然不合適了。就算他跟那些「妹妹」們關係清白，長此以往，也是蹚渾水的行為。

敢錯還是不敢錯？

疑點

他生了一張抹了蜜的嘴，常將妳哄得十分開心。他不完美，並且經常犯錯，但態度端正，勇於向妳承認錯誤。但是，他真的有知錯改過嗎？

線索

當妳發現自己遇到的這個男人之所以成為慣犯，完全是因為妳一直縱容他、原諒他……是否，他早已經犯下更嚴重的錯誤了呢？

瑤瑤的男友Atwood是個乖巧的男生，極會哄人開心。瑤瑤大概也是生活在甜言蜜語的包圍中，覺得日子多采多姿。Atwood雖然並不完美，但態度非常柔軟，比如工作不如意，說辭就辭，被瑤瑤批評時，Atwood會一言不發聽她訓完，然後將她擁進懷裡說，「我錯了，我會儘快找到新工作。」如此一來，就算Atwood的新工作隔了很久才找到，瑤瑤卻也沒辦法生他的氣……

這樣的事情經常發生，比如瑤瑤下班回來，發現Atwood沒有做飯，而是在電腦前玩網路遊戲。瑤瑤生氣，Atwood便會馬上放下遊戲奔進廚房，一邊做飯一邊道歉：「我錯了我錯了，讓我寶貝餓著了。」一聽這話，瑤瑤的氣很快也消了，還主動進廚房幫忙。

雖然此類事情一再上演，但瑤瑤覺得愛情本來就需要包容、寬容，所以處處體諒Atwood。他在外面玩得晚了，她原諒他也需要朋友交際；他工作表現不好，她體諒他時運不濟；他沒有送她生日禮物，她體諒他現在經濟狀況還不穩定。

而Atwood，似乎從一開始就知道瑤瑤不會怪他。所以只靠一張會解釋、會道歉、會哄瑤瑤開心的嘴，即使處處犯錯，但每次都能安全過關。

相戀三個月，Atwood換了兩份工作，拿瑤瑤的兩萬塊私房錢投資股票虧空，沒有陪瑤瑤回家看她父母，生日沒有禮物，生活沒有承擔。瑤瑤開始感到苦惱，來找我傾訴，她甚至懷疑「愛是包容、寬容」這句話是不是對的。她覺得累，可是又捨不得離開Atwood，我請她列出Atwood對她有多好，或是他本身有哪些優點，她想來想去，**除了Atwood認錯態度好，哄她的話說得好，似乎沒有別的好了。**

女人是聽覺動物。沒有情話不好聽的，只要說得像真的一樣，就能打動女人的心。Atwood也深知這一點，所以根本不怕犯錯，而且全都先斬後奏，因為他吃定瑤瑤一定會原諒他。

我覺得這樣的惡性循環很可怕，如果Atwood認為錯了也沒關係，那麼接下去，他犯錯的嚴重程度肯定會升級，或是，他其實已經犯了一些瑤瑤還不知道的大錯。因為若瑤瑤知道了，必然會因為他的求饒而原諒。如果不知道，就連費心用言語道歉也不必了。

瑤瑤聽我這麼一講，頓時警覺地說：「平時他既然對犯了這些大小錯誤毫不在乎，**那感情上，是不是也敢犯錯？**」

我沒說話，但明顯有點認同的意思。瑤瑤突然起身，表示得警惕一下Atwood私下的行為了。因為她平時活在Atwood愛來愛去的甜言蜜語裡，從不擔心他會在感情上對不起自己，也從不懷疑他晚歸的理由，或是他說去跟朋友聚會是否都是真的。

可一旦有了懷疑，其實很容易就能發現蛛絲馬跡。比如Atwood在玩的網路遊戲，一見瑤瑤回家就馬上下線，其他通訊軟體也是一見瑤瑤回家就立刻離線。至於他的手機，瑤瑤則從未翻看過。

這次，瑤瑤一回家就打開桌上型電腦，因為平時瑤瑤都是用自己的筆電上網，這台桌上型電腦都是Atwood一個人在用。果然，他有儲存遊戲帳號和密碼。瑤瑤進入遊戲不久，就有人在遊戲裡跟喊她「老公」。瑤瑤氣結，轉念一想，不過是虛擬遊戲而已，也就罷了。但Atwood會在遊戲裡跟網友這樣老公老婆地互稱，難保現實裡就不會有。

瑤瑤打電話給Atwood，問他怎麼還沒回家。Atwood說加班，瑤瑤便說那她先睡了。但她其實是去了Atwood公司，警衛說所有人都走了，而且Atwood是跟同事小美一起走的。瑤瑤按耐住脾氣，第二天下班時間悄悄埋伏在Atwood公司附近，待Atwood出來，發現他身邊果然有個女人。兩人一起搭車，瑤瑤跟上去，一面打電話問Atwood：「今天是不是還要再加班？」Atwood便順水推舟，說是最近公事業務多，還說：「寶貝，妳要乖乖吃飯等我回來。」

跟蹤到他們下車，Atwood跟女人走進某幢公寓。門內傳來嬉笑曖昧的調情聲，一切不言可喻。瑤瑤只覺得頭皮發麻，木然回家，收拾行李離開了。

其實Atwood會如此，瑤瑤也有責任。一開始是她讓他覺得自己可以犯錯，因為犯錯的下場也就那麼回事，道歉，然後得到原諒，不痛不癢，所以他慢慢擴大犯錯的範圍和程度，也或許，Atwood之所以敢犯錯出軌，大玩感情遊戲，也只是厭膩了前一段感情，所以敢於犯錯。如果瑤瑤發現了，也許原諒他，那就繼續輕鬆自如地我行我素；若不原諒，大不了分手換個人談戀愛。結果似乎也是如此，Atwood來向瑤瑤道歉兩次，瑤瑤拒絕，他便消失無蹤了。

見招拆招

有時候，愛妳的人不敢犯錯，生怕出一點錯會惹妳生氣，不是因為他性情怯懦，而是他們真的愛妳，怕失去妳。而那些敢犯錯的人，要麼是吃定妳寬容或愛他的弱點，要麼就是根本不在乎這份情是長是短。他們將愛情當成遊戲，所以，若因為犯錯出局，大不了原地復活，或是按ESC鍵退出，重新再來一遍即可。

為什麼要和他當「哥兒們」？

疑點

他跟妳明明是舊識熟人，多年不見後卻變得欲言又止，無法坦誠心扉。他不明確的態度，讓妳搞不懂他對妳的目的和想法，思來想去也是煎熬。

線索

如果遇到這樣的男人，索性假裝跟他只是做朋友、當哥兒們，來次敞開心扉的對話，套出他平常說不出口的真心話吧！

Q

Enid是個標準的淑女乖乖女，每天上班去公司，下班就回家。最近Enid卻行蹤不明，細細一查，原來她有了戀愛目標，是多年不見的老同學久別重逢，兩人經常相約……

幾次約會下來，Enid跟我聊起對方，言語裡總是充滿無奈。她說，那位老同學對她態度不冷不熱，說不上好，也說不上壞。Enid在上學時就暗戀對方了，只是那時的他清高孤傲，成績好，長相好，倒追他的女人一堆，Enid則屬於完全湊不到他面前的那一類。但事隔多年，女大十八變，如今的Enid可是風姿婉約的窈窕淑女。至於遲遲沒有戀愛的原因，似乎是還有其他心結。

好在老天自有安排，將此男再次送回她身邊。不過Enid實在弄不清對方對自己有沒有意思。這些年來，Enid一直悄悄關注著他，默默埋伏在同窗老友裡關心他的動靜。得知他一直都在談戀愛，而且經常換對象。至於箇中原因，以及他到底是怎樣的人，Enid其實並不瞭解。所以此次見面，Enid心中忐忑不安。她問我：「如何去瞭解一個其實並不瞭解的人呢？如何知道他對感情的想法和對自己的真實想法呢？」

我說：「這是他對妳有防備心理，所以不肯說得更多。**因為他也許也不瞭解妳是什麼想法，所以停在原地，不敢隨便出牌。**」

結果我倆商議，決定要Enid先以老同學的身分跟他往來。千萬不要表現出喜歡他、對他有企圖的那一面，而是以一個「哥兒們」的身分走進他的生活，讓他沒有防備地對Enid打開心扉，才能洞悉真相。

於是Enid再次約了老同學，說自己心情不好，想去喝酒。故作豪情地說：「我放心你是老同學，所以你就幫忙護駕，陪我一醉方休吧！」其實Enid自己清楚，她的酒量可不是一般的好，所以喝了沒多少，便假借醉意說自己這些年過的不好的回憶。然後再假裝隨性地問：「老同學你呢？有女朋友嗎？喜歡哪一款的？要我介紹嗎？」

也或許是因為酒意，老同學便坦白曾有過幾段不成功的戀情，也坦白知道Enid曾經喜歡過他，只是自己假裝不知道。Enid半開玩笑地說：「那現在呢？」老同學又猶豫說：「現在還沒想清楚……」

Enid說：「其實我有男朋友，而且已經訂婚了。只是最近關係不好，正在鬧彆扭。」Enid觀察到老同學的眼神有點失落，但他馬上又說：「啊，那得祝福妳。」Enid回道：「不管怎麼樣，我們可是像兄弟姊妹一樣一起長大的朋友，所以你得當我是哥兒們啊，有時互相訴訴苦，也是好事。」

老同學一聽，果然放鬆下來。接著便吐露心聲說，他其實已經結婚了，老婆在國外，只是沒對外公開，自己有時覺得寂寞，就打著單身的幌子再談場不用負責的戀愛。

這一坦白，Enid表面附和說她可以理解，人都怕寂寞嘛，心裡卻暗自慶幸是以哥兒們的身分靠近他。否則，自己可能也會淪為一段豔遇的配角。

見招拆招

生活中，總是不乏寂寞的男人女人。

女人寂寞時，也許會擺明是因為寂寞而去尋找一段豔遇。而男人，為了讓狩獵範圍能擴大一點，可能會隱瞞、撒謊。不管對方曾在自己生活中扮演過什麼角色，一切都等上了床再解釋。因為女人一般在上床後就會產生依賴心態，或是變得更愛對方，這時就容易無可奈何地委屈自己，原諒、體諒他犯了「全天下男人都會犯的錯」。

所以，當妳猜不透一個態度模糊不清的男人的意圖，心有疑惑時，可以先探入敵營，以哥兒們的身分出現。把酒言歡，再吐露自己的「心聲」，哪怕不惜先表明自己也是個「壞人」來與他交換真相。當他覺得妳已經沒有了哄騙的價值，或是發現妳對他沒興趣時，一般也會卸下防備，選擇跟妳保持情人當不成變哥兒們的關係也不錯。

優先時間給了誰？

疑點

他對妳的告白既不拒絕也不表明立場，他們曾在這種時刻微笑或轉移話題，或是使用「讓我想想」之類的迂迴戰術。可妳卻看不出他到底喜不喜歡妳，每次他拒絕妳、不能陪妳的理由，常常是工作太忙沒時間。妳看不出破綻，只是漸漸會發現，妳需要他的時候，他不會隨時出現。

線索

他的能給妳的時間，僅限於他主動聯繫妳時。那麼，他生活裡的優先時間在哪裡，又給了誰呢？

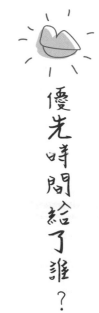

Q

Anna上班不久，被派去分公司負責執行一項專案。在那裡，Anna巧遇了老友Benson……

Benson多年不見Anna，對她的女大十八變感到十分驚訝，於是兩人私下開始聯繫。Anna是個性格直來直往的大膽女子，所以很快就向Benson告白，表明自己喜歡他。Benson卻沒有表態，既不拒絕也不表明立場。所以，平時基本上都是Anna主動去找Benson，有時Benson在公司，有時說不在。有時也會應Anna的邀請出去，但更多時候，Benson表示自己很忙沒時間。

Anna覺得Benson工作忙也是正常的，所以選擇一直體諒。可她要是隔兩三天不聯繫Benson，Benson又會主動聯繫她。有時兩人也一起吃飯，然後Benson送Anna回家。Benson看Anna的眼神十分曖昧，言語裡也總是體貼入微。甚至表示自己一直很喜歡Anna，即使現在也一樣。可是仍然沒有正式說要Anna當他的女友，Anna有點無所適從，搞不清對方心裡到底在想什麼。

Anna向我訴苦，說喜歡一個人，卻搞不清對方是否真的喜歡自己。我說：「妳應該先問問他，是不是有女朋友了？這才是關鍵吧！」

隔天Anna告訴我，Benson說他沒有女朋友。Anna興高采烈的聲音裡，掩不住的喜悅。此後，Anna便以女友身分自居，給Benson送早點，下班跟他一起吃飯，週末邀他一起出遊。**Benson仍然是言語溫柔，體貼周到，但仍然是有拒絕、有接受。**那些拒絕的理由，當然是沒有時間，要工作。

Anna說：「男人事業以為重，忙工作是必須的。」

但我說：「妳要不要試試在凌晨時給他打個電話。」

Anna吐舌頭說：「那樣會吵醒他啊！」結果Anna打電話根本沒人接，發簡訊也沒人回。第二天中午，Benson回覆說，晚上手機關靜音，睡得比較好，所以沒接到她的電話。

聽起來，仍是合情合理。

Anna像是受到此啟發，覺得Benson有點神祕。他真的有那麼忙？於是Anna演了一齣苦肉計，那天Benson來電話時，Anna假裝自己身體不舒服。Benson說要載她去醫院，Anna拒絕了，說在家休息一下就好。「你若有空，晚上幫找買點藥來。」

Benson遲疑了一下，還是答應了，可是那天Benson並沒有來，甚至連電話都沒有一通，Anna在凌晨時發訊息給他，說自己撐不住了。結果依然沒動靜。Anna的心涼了一半，這個人明知Anna不舒服，白天不能來看她，是因為上班不方便，但夜裡也沒有來通電話關心一下，而且在這種情況下還不打開手機鈴響？

這也太說不過去了。

我跟Anna猜測，這傢伙一定是沒說老實話。看樣了，他能給Anna的時間，只是他工作之餘和偶爾有空的時間。那他的優先時間都給了誰呢？若白天給了工作，夜晚或凌晨呢？

Anna不再主動聯繫Benson，Benson再來約她時，Anna說：「我知道，你其實有女朋友吧！」

本來只是隨口一說，結果Benson遲疑了一會兒說：「對不起，Anna。我跟她同居幾年了。遇到妳，我動搖了，但我們的關係沒那麼容易說分就分，妳給我一點時間吧！」

Anna什麼也沒說，掛斷電話，立刻對這個男人死了心。

她明白，一個男人不管有沒有女友，他若愛誰，就會把優先時間留給誰。

見招拆招

他若愛妳，不會以工作忙碌為藉口而不接妳電話、不回妳音訊，更不會置妳於不顧。他也不會在妳生病的夜裡，怕自己睡不好而把手機關機，若他愛妳，一定時時惦記妳的安危、安好。

每個人生命裡，都會有一個願意給予優先時間的人。他願意把所有的優先時間留給她，只為換來她的幸福和快樂。

那麼妳的生命裡，是否也有個為妳留著優先時間的男人呢？如果有，請一定要好好珍惜，因為，那樣的一份執著，不是每個在愛裡的人都可以做到的。

隨口情話傻傻分不清？

疑點

他的情話說得十分順口，聽得妳臉紅心跳、甜甜蜜蜜。他讓妳覺得自己已經是他女朋友或親密愛人，可是當妳以這種身分自居時，又發現他似乎對「男朋友」這個角色相當狀況外。當妳委屈追問時，又發現他根本從不曾承諾過，更不認為自己是妳男朋友。

線索

那麼他說的那些情話呢？當妳以此質問他時，他一定會笑妳傻，因為，那不過是他的口頭禪罷了。

Q

妙妙在電話裡對我說，「公司新來的同事說喜歡我。」我說，「那是好事啊！要是他人不錯就交往看看吧！」可是妙妙話音一轉，聲音低沉地說，「他說了喜歡我後，卻又兩三天沒有聯繫我，也沒約我出去……」

我說：「也許是妳沒有立刻回應，人家搞不清楚妳接不接受他，所以受挫了嘛！妳也可以主動一點啊！假裝打個招呼，假裝順口約他一起吃晚飯，或是下班說車壞了，想搭他便車之類的。」

妙妙說：「也是，我試試看吧！」

當晚，妙妙很晚才打電話給我：「我藉口搭他便車，一起去吃飯，談得很愉快。他說自己多年沒動過心，見到我就有心動的感覺呢！」

嗯，看來發展得很順利。我當然表示祝賀。可是幾天後，妙妙說他們的關係依然還在同事的階段。

「這是什麼情況？」我問妙妙：「妳告白了嗎？」妙妙說她已婉轉告白了。

我覺得有點不妙：「那他怎麼反應？」

妙妙表示沒有動靜，我說：「那妳索性再主動約他啊！不要隨便失身就好啦！探清他到底是什麼意圖。」

妙妙接下來便裝做工作上有事找那男人幫忙，對方說：「為妳效勞可是我的榮幸！」於是傾力幫妙妙一起完成了企劃案，順便又一起吃了飯。男人送妙妙回家，在妙妙家樓下，藉著兩人微醺的氛圍，男人吻了妙妙。告別時，他說：「親愛的，祝妳好夢，我愛妳……」

妙妙覺得大功告成，向我報喜。可是沒幾天，妙妙又說，男人這兩天都沒主動聯繫她。

我也覺得不安起來。**這男人不會只是順口說情話，順便來個身體親密接觸吧？**而且，仔細想想也不無可能，因為每次都是妙妙主動聯繫他。於是我要妙妙叫男人去朋友的店裡喝咖啡，請朋友假裝問妙妙，他是不是妙妙的男朋友，看他如何作答。結果妙妙說她果然碰了個釘子，男人當場說：「我們只是同事啊。」

妙妙那位開咖啡館的朋友也是個極品美女，當男人望著她，解釋自己跟妙妙只是同事時，那目光就像望向自己交往多年的女友。

看樣子，真是個情場老手，百分百的花花公子。那些在妙妙聽來無比美好溫柔的情話，對他來說，不過是順口的一句禮貌用語。

現實裡，網路上，這樣的男人無處不在。女友可能不計其數，但真正承認的可能一個都沒有，情話說得非常溜，但真心的可能一句也沒有。**他們想要保持單身的自由，又想要玩曖昧的身體接觸，享受閒時和女人調情的生活趣味。**

所以，他們不會正式要求妳當他女朋友。他們會說喜歡妳，甚至說愛妳，但那不過是口頭嬋罷了，說過後，妳若當真。他會笑妳太傻，妳若說他不負責任，他會反問：「不是妳自己主動的嗎？」

見招拆招

當妳回想起來，發現的確是自己主動的。為什麼呢，因為他路過妳時，用順口情話隨意撥動了妳的心弦，就像把魚餌扔進水裡，然後等妳自己上鉤。事後如何，可不關他的事。這樣的男人，一天裡可能會叫無數個女人「寶貝」，說無數句「我喜歡妳」、「妳好漂亮」、「妳是我的女神」等等，他們動輒喊妳「親愛的」，回應妳曖昧的語言和表情。

千萬別聽聽就信了，只能聽聽就算了。情話好聽，但是要有實際意義和作用，前提必須是那個人真心愛妳，為妳起而行動。而一個只會對妳講情話卻沒有行動的人，自然只是順口一說，妳也隨便一聽就好了。

職業的溫柔還是本性的溫柔？

疑點

他是一間髮廊老闆，身為髮型設計師，他總讓妳覺得妳享有與眾不同的待遇。他溫柔體貼，讓妳感受到如愛一般的錯覺。妳開始浮想連翩，相信他的溫柔只給妳一人。後來，妳不禁想把如此溫柔的男人留在身邊一輩子了。

線索

可是，當妳若換個角度去觀察，便會發現，原來他對誰都一樣。他的溫柔並非本性，而是職業本能所致，但妳卻傻傻相信了他的甜蜜謊言。

Q

Sheila不愛美容美體，卻獨獨喜歡上髮廊洗頭。她十分陶醉於那種溫水淌過耳際髮稍的感覺，加上那為自己搓揉頭髮、按摩頭部的溫柔雙手，總能讓她消除一天工作的疲勞，再次容光煥發。

所以Sheila常說，找個會洗頭的髮型設計師當男友，一定是件幸福的事。在家裡設個自己專屬的髮廊，放張能躺著洗頭的長椅，還有剪燙的相關用品。每天早上都可以享受他為自己整理髮型，晚上下班累了，可以享受他為自己洗頭按摩，慰勞一天的辛勞，一想到這裡，就覺得特別幸福。

Sheila起初只是這樣想想，後來有一天，她在某間髮廊邂逅了一個十分帥氣的髮型師。男人是髮廊老闆，當天生意好，人手不夠，於是親自為Sheila洗頭。男人十分溫柔體貼，手指滑過Sheila耳際眉梢時，她感到異樣的情愫。

Sheila當即表示，自己洗了這麼多家店，第一次遇到手法這麼好的人。男人說，「不如妳加入我髮廊的會員，收費優待，以後我天天為妳洗。」Sheila結帳時，果然主動辦了會員卡。出門不久就收到一封簡訊，是男人發的——「以後我是妳的專屬髮型師，希望經常有這榮幸為妳洗頭」。

Sheila心裡甜得，不亞於談戀愛。回家後對著鏡子左看右看，還打電話跟我分享，說遇到了一個她一見傾心的男人。

我潑她冷水說：「人家只是職業禮貌吧！」

Sheila反駁道：「妳就這麼瞧不起本小姐的魅力嗎？」

好吧，她想去就去吧。這位小姐再次走進那間髮廊。不管多忙，每天都風雨無阻前去洗頭。那男人也的確每天親自為Sheila洗頭，並且經常說：「我平時工作很忙，很少親自幫客人洗頭的，可是對妳感覺不一樣，所以特別為妳洗頭，我也覺得很開心。」

Sheila聽了，心裡美得直冒泡。悄悄想起某部電影的曖昧鏡頭，還不禁紅了臉。

男人的手法了得，輕柔無骨，跟Sheila聊天也融洽自在。Sheila完全被迷得不知所措，就差要以身相許了。為此，還介紹公司其他女同事去那間髮廊做頭髮，當她拉業務的範圍擴大到我這裡時，我不禁又潑冷水說，「是他叫妳幫忙拉業務的吧！」

Sheila頓了一下，承認道：「他只是說生意不太好，因為不太會宣傳，所以我就幫他順便宣傳一下嘛！」

我告誡她：「妳可要防著點，**小心人家的溫柔只是職業溫柔，不是對妳一個人溫柔。**」Sheila不願相信，我又說：「妳就想辦法去證實一下，他是不是真的從不親自為別的女人洗頭，這不就得了！」

於是，Sheila挑了好友裡最漂亮的那位前去做實驗，自己則躲在外面靜待結果。

結果很老套，男人一見美女身著名牌，氣質不俗，當即示意員工們退下，自己親自上陣。好友回去告訴Sheila的故事版本，跟她遇到的一模一樣。這還不是最後的真相，當Sheila氣沖沖去店裡想退掉會員卡時，在門外遠遠就聽到男人訓斥手下員工，惡語相向，刻薄至極。

Sheila搖搖頭，走進店裡，把會員卡塞進男人手裡，隨即淡然離開。

其實找個髮型設計師當男友並不是什麼難事。難就難在，當他真的變成妳男友後，是否還願為妳洗頭。就算會，是否能每天？就算每天，又是否會像妳去髮廊時那樣笑臉相迎，滿懷熱情？妳怎麼確定他的溫柔是職業溫柔，還是本性溫柔？

事實上，Sheila體會到的幸福，是在髮廊花錢換來的享受。如果真有那樣一個男友，他在洗了一整天別人的頭後，哪來的精力再為妳洗頭並打理髮型？就算會，必然也有著諸多的無奈和無力。妳在髮廊裡看到的笑臉和感受的溫柔，不過是花錢買來的服務罷了。

見招拆招

許多女人總喜歡把享受和愛攬和在一起，可是，世上哪有那麼多不花妳一毛錢的愛情髮型師呢？所以，想要一個專門為妳洗頭按摩的專屬髮型師，就努力賺錢，花錢請個私人的吧！

妳之憂，他也憂？

疑點

他跟妳聊每日趣聞，聊八卦消息，跟妳分享快樂。妳看到他的陽光開朗，為之感染。

於是妳也跟著陽光起來，回應他帶給你的愉快。但妳若表現出一點憂傷，他便顧自沉默，或是默默地消失逃避。

線索

遇上這樣的男人，妳相信他是真的喜歡妳，還是只喜歡一段歡愉時光呢？

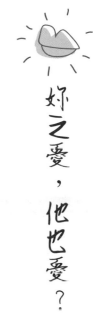

Q

葉子認識了一個性格開朗的男人，每次見面聊天，男人都會講些自己生活中的趣事給葉子聽。當然，他也會問葉子公司、家裡有沒有什麼好玩的事，要她說出來一起分享。

遇見這個陽光男子，葉子原本憂鬱沉默的性格也似乎有了改觀。為了和他互動，她也會刻意想想自己生活裡有哪些愉快的事，跟男人聊聊說說。

葉子跟我說起男人的幽默風趣、樂觀陽光時，也是眉飛色舞的樣子。也許，能與戀愛對象性格互補，真是一件不錯的事。

但這天葉子打電話給我，說自己不開心，要我陪她出去散散步。我說：「妳不是有個新對象嗎？心情不好找對方聊聊不正好？」葉子有點低落地說，「他說今天很忙……」

原來葉子那天是因為父母吵架鬧離婚的事，前一夜沒睡好。早上起床收到那男人道早安的簡訊，就順口回說自己今天很不安、心情很差，想出去走走。葉子還沒開口要對方陪她，男人就先說：「那妳去散散心，我們再聯繫。我今天也正好有事不能見面。」

我說或許人家真是不巧有事呢？葉子的表情持懷疑和不滿的樣子，表示跟男人認識已經快半個月了，也沒聽他經常說很忙。怎麼突然自己說心情不好時，他就有事要忙了？

聽葉子這麼一說，我也覺得奇怪。葉子又說：「看樣子，他是怕我心情不好會影響他的心情，所以趕緊躲開了！」

對於葉子的大膽猜測，好像的確不無道理。於是葉子決定，隔天再試探一下男人。第二天，男人聯繫葉子時，葉子假裝很開心。然後男人便約她晚上一起吃飯，飯桌上，葉子故意嘆氣。男人問：「身體不舒服嗎？」葉子說：「是我爸媽鬧離婚，所以很煩。」

男人一聽，「哦」了一聲就低下頭繼續吃飯。

葉子一看他的反應，心涼了半截。但為了一次試探清楚，葉子又假裝突然托著頭。男人再問，葉子就說：「我經常頭暈，睡不好、失眠、心事太多。應該是生活壓力太大了。」

男人又「哦」了一聲說：「那我們早點回去，妳好好休息。」說完，就舉手叫服務生買單。

此後，葉子跟男人只偶爾在網路上不冷不熱地打個招呼。葉子問我：「是不是我把他嚇跑了？」我說：「這樣的男人，早點嚇跑他絕對是正確的。」

一個走進妳生活的男人，哪怕只是朋友，也得跟妳一起分享喜悅也分擔憂愁。至於這男人，要麼是本身心理脆弱，不想面對壓力和負面的事物，一面假裝陽光，一面逃避現實。也許他一開始誤以為葉子是可以給他帶來無數歡笑的人，也或許，**他只是開個小差，找個人聊個愉快的天罷了**。

韓國電影《雛菊》裡有句對白：「愛一個人，就是要承受他生命的碎片」。也有個作家說過：「把妳的傷疤給他看，把妳的刀子遞給他，願意直視妳傷口的人，是可以愛的。」

別說是天生多煩憂的葉子，就算性格開朗的普通人，生活裡都有許多憂愁，每個人的生活都是由許多碎片組成的。那些碎片讓妳受過傷，讓妳痛過、笑過、哭過。若有個人讀懂妳的心酸和心疼，如果那個人愛上妳，就會隨之愛上妳的美好也愛上妳的憂傷，跟妳一起撿拾拼接那些生命的碎片，然後給妳一個溫暖的笑、一個溫暖的懷抱。那樣的人，才是妳需要的。不然，他出現的意義是什麼呢？

見招拆招

真正有擔當、有愛的人，不會只與妳共歡笑，不與妳共傷感。因為看到妳如此悲傷，他會情不自禁地心疼妳。有些愛情是來自靈魂的救贖，當一個人的靈魂孤單掙扎，感到憂傷愁苦時，需要另一個懂得的靈魂靠近，一起承擔淚水，一起分享歡樂。若只想擁有後者，他的確就只是想要一段沒有負擔、只有歡愉的情事罷了。

PART 4

「獵手」有陰謀？

人生路上，找到共苦的人很難，

同甘的，卻永遠不缺。

他只想吃速食麵嗎？

疑點

他年輕有為，英俊瀟灑。他追求妳熱情似火，要將妳融化一般。妳招架不住，左右為難。一方面覺得如此優秀的男人不可多得，一方面又覺得哪裡不對勁。最後，妳會發現，原來是因為愛情來得太快，讓人覺得太不真實。

線索

而妳遇上的那個他，是不是熱得快，冷得也快呢？

最近有人在追Freda，Freda有點招架不住對方的熱情，打電話向我求助。此男是Freda合作公司的某部門經理，據說年輕有為，英俊瀟灑。怪不得有點小花癡的Freda難以招架，因為捨不得直接拒絕，但她又不敢輕易接受，因為Freda可不是個只打算玩玩的女孩，她知道自己玩不起愛情遊戲。

乖乖女形象的她，一談戀愛就很認真，一認真就想到婚姻和天長地久。而看著此君儀表堂堂，追人時浪漫非常，Freda心裡不禁疑惑，**他是不是追每個女人都這麼駕輕就熟、這麼有一套呢？**

懷疑雖多，但心卻悄悄悸動了。怕自己猜忌太多，錯過了好男人，可是貿然接受，又不符合自己對愛情的觀念。

沒辦法，只好先從側面瞭解這男人平時的為人吧！第一步也只能是打入敵營，Freda再去此男公司時，必定帶點零食、速食之類的，哄哄辦公室其他帥哥美女。最終不惜用請吃飯搞定了此男的貼身「護衛」，要到了男人的臉書帳號。

Freda追蹤他的臉書後，發現他過去的臉書發言常是甜到膩的愛情短文或心情抒發，不知情的人還以為他遭遇了一生中最美好、最珍貴的曠世奇戀。但好景不長，這段戀情不到半個月，看起來似乎分手了，接著便偃旗熄鼓。

再往前看，差不多好像也是如此，動態裡盡是分分合合的戀情痕跡。**每一次都像深情之至，生死相許一般**。看來他是個多情種，至少都不是一夜情嘛。Freda如此安慰自己。一時也沒查出什麼特別驚人的背景，Freda心想，反正男人確定是單身的，至少自己不會有莫名「被小三」的危險。看他個人檔案裡的感情狀態，暫時沒女友，於是Freda正考慮可以接受此男的追求。至於過去的，就讓它過去吧！說不定他這次動了真情，願意為自己定下來，不再浮沉情海了。

可是當Freda跟這男人牽了手、接了吻，就要被帶上床時，她又覺得對方太急了，猶豫一下，拒絕了，沒想到，對方就此幾天沒有聯繫Freda。而他的臉書動態又開始耍憂鬱，大意是遇不到真愛，還在等待，表明自己處於空窗期。

Freda看了氣極，悄悄聯繫了在此男公司認識的另一名男同事，假裝對對方有意，約了喝茶聊天，從他嘴裡套出那個經理的過往，才知道經理這幾天晚上總請大家聚餐喝酒，好像失戀了。不過今天早上，他又請祕書訂花了，看樣子是有了新目標。

Freda目瞪口呆，上不了床就馬上換人？

這速度也太快了吧？男員工又說：「我們經理老是這樣，經常談戀愛，也經常失戀。但從不玩一夜情，只是不知為什麼，每個對象都交往得不長久。」

聽到這裡，Freda心裡已有數。看來這男人的戀愛都是以上床為目的，經常失戀的原因是他自己想失戀。這樣才能順理成章地換下一個目標。所以，他前期的追求很浪漫熱情，後期目的若無法順利達成，就馬上轉移目標，絕不浪費時間。

他的滿不在乎，就像那些閃婚的男女，大多因為一見鍾情或是經人介紹，帶著激情談戀愛，再帶著新鮮感結婚。待熱情一過，就閃電離婚了。

這類愛情也像速食一樣，來得快，去得也快。兩個見第一面便對上眼的人，根本不會考慮永遠。像吃速食麵，把調味包打開混在一起，加點開水一泡，聞起來香氣撲鼻，吃起來卻毫無美味。

這樣「速食」形式的婚戀比比皆是，在快節奏的現代生活裡，連愛情也加快了步伐，著實讓人寒心。很少再有人用心去愛，也沒有人願意花時間去經營愛情。他們或許是因為寂寞，也或許只是因為一時衝動。

見招拆招

在網路時代，資訊的傳遞既快速又高效率，大家透過網路認識，透過網路表情符號傳情達意，透過網路送花、送禮物，透過臉書或LINE的互動為對方祝福。彷彿談戀愛的方式快捷了，談戀愛的機會也就多了。大家認為，反正過了這一村還有那一店，只要你想談戀愛，隨時可以開始。

愛情就被這樣的速食心態慢慢糟蹋和淡化了，愛情不再持久，不再讓人充滿幻想和期待，不再讓人覺得神聖美好。就像被下了一個蠱，許上持續十天半個月的咒語，碰觸的人事先明白，所以才能灑脫地面對「立刻開始」和「很快結束」。

但理想的愛情，應如小溪一樣乾淨清澈、緩慢平靜地流淌。淌過兩個相愛的人的心房，再淌過這長長短短的人生，一路越過平原和荒漠，最終匯聚在大海的深藍裡。

時冷時熱為什麼？

疑點

當他發現妳，打算進一步接近妳的時候，溫柔又有耐心，熱情恰到好處，每日噓寒問暖，時時送上關懷。當妳開始被打動，開始有了回應，開始動心時。他卻突然冷下來，不再主動聯繫妳，卻又在妳主動聯繫他時，與妳熱情互動。

線索

遇上這樣的男人，讓妳一會兒身在雲端，一會又跌落谷底。他這是在演哪一齣呢？

Q

芳芳的前男友結婚，寄了喜帖給她。芳芳心裡還沒走出失戀的陰影，哪裡肯出席，於是委託兩人共同的朋友送了禮金去。婚宴那天，自己越想越難過，便去酒吧喝悶酒，一邊喝一邊抽那包從家裡老爸桌上拿來的菸。這時有個男人過來，在她身邊坐下……

男人還帶了幾盤盤水果和小菜，自稱是酒吧老闆。芳芳此時也不顧形象，平時的淑女溫婉也都沒了，酒喝得很猛，菸也抽得很兇。男人笑容溫和，只是坐在對面看著她，不時說：「喝慢點，又不趕時間。是不是失戀了？」芳芳心裡不爽，便粗魯地說：「老娘沒男朋友，男朋友死了，失什麼戀！」

男人不再說話，起身回到吧檯，但視線不時停留在芳芳這裡。喝了一陣，芳芳開始有點擔心自己要是真醉了就麻煩了，於是跌跌撞撞買單要走。出門走沒幾步，發現手機忘在吧檯，正想回去拿。此時，男人已經拿著手機送出來找她，並且在街邊為她攔了計程車。

芳芳回家後，收到陌生號碼的簡訊——「晚安，別想太多，明天太陽會照樣升起，一切會好起來的。」

芳芳看了看通話紀錄，發現通話記錄中最近一個撥出的，正是這個號碼，明白是酒吧老闆所為。芳芳是個沒有心機的人，覺得這類男人身世複雜，自己不是對手，所以沒興趣，所以並不打算回覆，以免惹上麻煩。

但此後男人經常發簡訊給芳芳，有時是好笑新鮮的腦筋急轉彎，有時是好玩的網路笑話，有時是安慰，有時是問候，並且每天早安、晚安。芳芳開始覺得此人真是無聊，不過見了一面，哪來這麼多的後續，但後來卻慢慢習慣了他的簡訊，突然有一天不發，便覺得渾身不對勁。

再後來，芳芳終於開始有了回應。接受過幾次男人邀請，去酒吧一起小坐。漸漸覺得男人的個性其實滿溫厚誠實的，於是有了發展關係的意思。芳芳開始主動聯繫男人，**哪知她一主動，對方卻不再主動了**。芳芳若忍著三五天不聯繫，對方也不再聯繫，從前的熱情不見了。可芳芳若是發封問候的簡訊，對方卻又十分熱情地回覆她。

芳芳感到有點無所適從，找我聊了這件事，我們得出一致的結論，這男人要麼只是挑戰想女人的心理，見芳芳有了回應，開始熱情回應，就停了下來；要麼就是他已有家室，現在覺得魚兒已在聞食，便換了直鉤，妳若自己上鉤，那他就不用負責了。

芳芳不服氣，所以非要我也去趟酒吧，以她當時的狀況現身，再試一次。

果然，單身女人到酒吧喝酒，的確招來酒吧老闆的注意，只是這次，他主動找我要了號碼。接下來，便是重現對付芳芳的那一套。原來，不過是給個熱情和甜頭，像撒進水裡的餌，吸引魚兒圍過來，接著冷淡下來，挑起對方好奇心，一些沉不住氣的女人，便會主動送上門來。

但從頭到尾，人家可沒有說過一句愛，也沒說過喜歡，妳自己喜歡上他，那是妳的事，妳自己投懷送抱，那也是妳的事。

改天詢問了酒吧的服務生，果然，老闆已有妻室。只是不在同一個城市，男人不過是想找個人排遣寂寞時，而那些隻身去酒吧買醉的女人，便是那容易上勾的魚兒而已。

見招拆招

在遇到對妳時冷時熱的男人時，一定要盡可能去發現他背後是否藏了什麼，是老婆、女友，還是寂寞？他們熱情待妳時，是他們正一個人孤單，也可能是被老婆女友冷落，或是受到打擊、夜裡睡不著，也可能只是因為無聊。當他忙著工作，忙著吃喝玩樂，忙著跟妻兒歡聚一堂，跟女友恩愛旅行時，便是對魚兒們冷下來的時候。

真正喜歡妳的人，在接收到妳回應的動態和消息時，自然會關心，當也更不會走遠。他們不會熱情時如火，冷時又如冰。他們會像溫開水一樣，不痛不癢，卻體貼舒服，踏實安心，並且真正有益妳的身心。

他與妳同苦，與誰同甘？

疑點

他落魄時，對待愛他的妳，仍然性情開朗，不拘小節。他坦然接受妳的照顧、幫助、憐憫。只是，他從不說愛。妳覺得，他既然接受妳的付出，就是一種對愛的默認。於是妳無怨無悔地陪他共苦，直到有一天，他終於得到成功。

線索

遇上這樣的男人，妳是否最後才發現，他第一時間想分享喜悅的人，原來不是妳？

Q

Beatrice國中時就暗戀小書，他講話妙語如珠，幽默逗趣。但他的心思總不放在課業上，一直是班上的問題學生。不過，成績再差的帥男生，依然特別令女生喜歡。所以當別人勇敢向小書告白時，Beatrice只是將暗戀放在心裡，直到畢業各奔東西。不料多年後重逢，陰差陽錯成了同事……

Beatrice此時已是公司的管理階層，小書則是才丟了工作，剛到Beatrice所在的公司任職，從普通職員做起。他先是跑業務，每天灰頭土臉、一身風塵回來。Beatrice看著小書仍然帥氣的臉，心生憐意。

於是請他吃飯，他雖然有點落魄，但性格仍然開朗，欣然赴約，還在路邊花壇裡採了朵小花帶給Beatrice。

小書吃得津津有味，兩人敘舊聊得很開心，還坦然說自己現在租了一間位在地下室的破房間，溫飽都成問題，至於原因，他沒細說，Beatrice也不便多問。

從此，Beatrice三不五時便光顧他的地下室，打掃環境，包括幫他洗髒襪子和臭衣服。用簡單的廚具克難地做頓家常飯給他吃，有時他跑業務遇到困難，Beatrice還親自陪他去，跟他一起擠在沙丁魚罐頭似的公車，流著汗，看著他的側臉微笑。

我問Beatrice：「妳簡直就是當他是男朋友了，可是他有向妳告白嗎？」

Beatrice說：「他應該不會不明白我的心意吧！我沒說出那個『愛』字，是因為覺得應該由他主動開口才對。」

Beatrice也疑惑，說小書平時不把她當外人的表現，難道不是愛嗎？這樣想著，就更無怨無悔地放下姿態，陪著他共苦了。

我說：**「妳現在陪他共苦，這麼愛他，想看清他，就等到同甘時便知。」**

果然，在他們努力一段時間後，小書終於拉了一單大業務，那個月的業績獎金領了不少。發薪水那天，Beatrice暗暗替他高興，想著晚上要跟小書去哪裡慶祝一下，大吃一頓？還是去KTV唱歌？或者，他會為自己準備什麼禮物？還是會告白？Beatrice越想越開心，好像是自己得到了成就一般。

可是下班後，小書並沒有約Beatrice。Beatrice想找他，卻見辦公室小書的位置已經沒有人了，直到晚上十點，Beatrice才忍不住打了個電話給他。小書那邊嘈雜一片，接起電話就說：「妳怎麼現在才打電話給我啊，我還以為妳忙著呢！」

Beatrice一時語塞，怎麼變成自己的錯了？想了想，原來從前都是她先聯繫他，而他主動聯繫她都是有問題的時候，比如哪個客戶難搞定，他無法說服，要她陪著一起，或是房東來要租金堵在門外不肯走，向她借錢救急，抑或是他感冒頭痛、肚子痛，要她送點藥去……

如此種種，都是他在受苦有難的時候，才會想起她。而今他嚐了點甜頭，看樣子不用她陪，已經有人陪他慶祝了。

果然，他說：「我跟朋友在慶祝，妳要不要現在過來？」他聲音裡帶著掩不住的亢奮，那邊傳來女人嬌滴滴叫他名字、催他一起唱歌的聲音。Beatrice一句話也說不出來，默默掛斷了電話。小書也沒有再打來，想必是忙著陪朋友唱歌喝酒去了。

那天之後，小書再有事又要Beatrice幫他解危時，她拒絕了。她知道，自己不是小氣，而是看清了這個人根本不愛她，又或是就算愛吧，也是個不懂愛、不會愛的人。因為他只會與她共苦，卻沒打算與之同甘。**而人生路上，找到共苦的人很難，同甘的，卻永遠不缺。**

見招拆招

妳若想看出一個人是不是真的愛妳、喜歡妳，也需觀察一下，他是在低潮時才找妳，還是走運時會找妳分享。他是真心想要和妳分享成果嗎？他是愛妳這個人，還是愛妳的幫助和照顧？如果他是愛妳這個人，一定會在獲得成功時，第一時間告訴妳，並感謝妳一直陪在他身邊。

妳不知道的「閃婚」真相？

疑點

他與妳相識，僅僅一面，此後便經常聯繫妳、讚美妳、認可妳，並且說出喜歡妳，如果妳需要，他也會說愛妳。當他說完所有美好臺詞，妳已經有點暈頭轉向、分不東南西北時：他求婚了。

線索

若妳剛好也處於適婚階段，想找個人定下來，面對他的求婚，此時恐怕難以招架。可是，閃婚的真相是什麼呢？他真的只是單純與妳一見鍾情，再見時就要結婚？

Q

小紫跟阿良相親認識，彼此見過第一面後，覺得印象不錯。於是保持聯繫。但是漸漸地，阿良卻並不如當初所見的那般……

初見時阿良非常熱情，體貼周到，出手大方，第二次聯繫時，就對小紫說些親暱的情話，彷彿相完親，兩人就已成了戀人一般。而且，男人對未來早有規劃，但是他很少問及小紫的情況，小紫以為大概是介紹人早說過自己的種種，便也沒有在意。

終日沉淪在一個男人含情脈脈的追捧裡，已經急著嫁人的小紫早就沒了招架之力。可相識不久，阿良竟開口求婚了，他發來簡訊問：「可不可以陪我走這一生？如果妳願意，我會傾盡所有愛妳。我的確很喜歡妳，妳若願意，我會好好疼妳、愛妳。妳若願意，我們馬上就辦婚禮，我迫不及待想呵護妳、照顧妳……」

小紫聽得熱血沸騰，但總隱隱覺得哪裡不太對勁。但阿良又說：「妳若不願意，我們就此陌路也沒關係。只是，我們也許會錯過最好的人……」

這話倒是提醒了小紫，她年紀也不小了，**條件並不算多好，還要挑什麼呢？**阿良長得帥氣，經濟條件也不錯，對自己殷勤至極，又浪漫又會說情話，要是錯過了，怕自己真的會後悔。於是，鬆口答應了阿良在兩人僅認識半個月後的求婚。

下一步，小紫覺得是該去見雙方家長了，奇怪的是，從沒聽阿良提過要帶她回去見父母，所以小紫主動提出，阿良卻支支吾吾，後來說自己母親身體不適，在鄉下老家養病，不如他們先登記結婚，辦了婚禮再回去見家長，當作去度蜜月。

小紫跟我提起這事，我腦子裡跳出電影中的陰謀情節，小紫雖然很鄙視我的反應太誇張，但的確還是產生不少懷疑。終身大事，怎麼可能不邀父母在場一起慶祝呢，說不過去吧？

於是小紫假意跟阿良要他的戶口名簿，說提前在家用印表機複印好，省得到戶政事務所登記時還要排隊。阿良似乎沒多想，拿了戶口名簿給小紫。

阿良的戶口還在鄉下老家，小紫抄了地址，當天下午就包車去造訪，一探阿良家人的底細，到了當地一打聽，小紫就完全明白了，原來男人以前有個未婚妻，是鎮上人家的女兒，訂了婚，他常年在外做生意賺錢，女友就在鎮上幫他照顧父母，因為男人的父親罹患老年癡呆症，而母親身體也不好，照顧不來。未婚妻後來變心走了，阿良想給父母請個褓姆，但母親不放心外人，加上性格暴躁，不好相處。

男人一著急，便想隨便找個賢慧的女人娶回家，用來照顧父母。

小紫聽完差點沒氣暈過去，回來後便質問男人。不光如此，男人其實另外還有個情人，只是人家已經跟有錢男人訂了婚，不可能嫁他，但男人不願放棄，可自己又到了適婚年齡，被母親催得著急，所以不管對方是什麼樣的女人，趕緊娶回家交差罷了。兩人的結局，當然是不了了之。

見招拆招

現代人對婚姻愛情都極不負責，覺得戀了分，分了戀，閃婚再離，離了再閃婚，當成家常便飯。關於道德倫理，不再有人指點非議，大家見多不怪，便也當成兒戲一般。而那些喜歡閃婚的男人，要麼是有了愛的人卻娶不到，於是在適婚年紀找個人娶了就行。或許是用來傳宗接代，或許是用來當免費保姆，也或許是用來完成父母心願和催促，又或是一段時間的過渡。

總之，每一個閃婚背後，都可能存在一個小小的理由。而那些不以愛和喜歡為基礎便匆匆走進婚姻殿堂的感情，都讓人覺得不踏實。婚姻是人生大事，是愛情的歸宿，就算是婚後再培養感情，也得有一個時間段讓彼此瞭解磨合，再來做決定才是。

他為何不主動也不拒絕？

疑點

他一表人才，卻深居簡出，單身度日。他神祕沉默，不愛與人交流。沒有人知道他真實的生活背景，看到的，只是他形單影隻，獨自來去。妳覺得他異常孤單，似乎看透他眼神裡寧缺勿濫的落寞。於是，妳主動靠近。妳想拯救他的靈魂，覺得自己可以讓他愛上妳。他果然也不排斥妳，只是他從不主動，也不拒絕。

線索

遇上這樣的男人，妳會覺得他是難以融化的冰山嗎？還是，他在妳面前呈現出來的狀態，只是妳看到的冰山一角呢？

Q

莉莉新到一家公司，辦公室男同事大多名草有主。卻是有株叫Abler的草，一表人才卻仍打形單影隻……

莉莉打聽過了，Abler住在公司安排的宿舍裡，每天下班吃過飯就回宿舍，沒什麼朋友外找，也沒什麼外出的活動。

莉莉好奇，覺得這麼好的男人竟沒人要，真是暴殄天物。於是問櫃臺一個小妹，Abler是不是有女朋友？櫃臺小妹，聽，一臉不屑地說：「他啊，活該一輩子要孤獨吧！」莉莉追問，櫃臺小妹說：「就性格古怪吧，他從不主動跟女人說話，除非逼不得已有事。這樣的人，哪個女人有耐心一直主動去追啊！」

聽完，莉莉對Abler更有興趣了。這樣的男人更特別、更專一不是嗎？所以莉莉表面上附和著櫃臺小妹的話，心裡卻決定要融化這座冰山，佔為己有。

莉莉在電話裡問我如何追男人，我說：「女追男，隔層紗，但也要講究方法，只要妳臉皮夠厚、膽子夠大就行了。」

這倒是！莉莉還沒聽我接下來要叮囑的，就掛了電話。接下來，三天兩頭彙報動向，無非是她主動找Abler要了聯繫方式，主動給他送早餐，主動找他說話。

我問：「他的反應如何？」

莉莉說：「我還沒告白嘛！不過，他也沒有拒絕我的邀請，這樣戲便能繼續唱下去了。」

看著莉莉如此興奮，實在不忍心打擊她的一腔熱情。**這年頭誰追誰沒關係，看上了就勇敢一點追求並沒錯，但是太主動，就會顯得自己很卑微，這樣的愛情就算得到了，怕也會讓人感到不安、不踏實啊！**不過，我的擔心好像是多餘的。莉莉約Abler出來吃了幾次飯，二人一起去酒吧，莉莉主動告白，然後Abler就吻了她。莉莉問我：「我們這樣算不算確定了談戀愛關係？」

我問：「他有親口答應當妳男朋友，或是要妳做他女朋友嗎？」

莉莉想想說：「沒有，不過都有過親密接觸了，這樣還不算嗎？」

這可不能擔保，誰知對方是否只是逢場作戲而已。接下來，就需要莉莉忍耐著不主動聯繫對方，再看看他的表現。果然，莉莉忍了一天沒主動找Abler，結果人家在辦公室走來走去，視莉莉如透明人一樣。臉書上，莉莉掛線一整天，一直等到深夜，對方一個訊息也沒捎來。

莉莉感到委屈，找我訴苦。我說：「看樣子，他是不主動也不拒絕那一類的，並不是真的喜歡上妳。也許另有原因呢？」

隔天莉莉到公司，找到年資較久的同事李姊打聽Abler的底細。李姊說，他來公司時，很多女同事都主動追求過，只是後來不知怎麼都又無疾而終了。具體原因不太清楚……

這可真是個神祕人物，莉莉正頭大。李姊又說：「也許櫃臺小妹會知道得多一點，她當初可是追得最厲害的那一個，只是後來也不理Abler了。」

莉莉連著幾天請吃飯和送小禮物，透過這些手段買通了櫃臺小妹，一套話，櫃臺小妹果然說了，忿忿地指責Abler其實有老婆了，人在外地呢！但是當初前臺小妹追他時，他也沒拒絕，直到上床了也沒承諾，後來前臺小妹見他從不聯繫自己，這一吵一鬧，Abler竟說：「我又沒招惹妳，是妳自己貼上來的……」

說的人理虧詞窮，所以心裡懷恨，也無可奈何，只好作罷，對方也如釋重負。**他從不主動招惹誰，但倒貼的，他也不拒絕。**莉莉吸了口涼氣，好在先打聽了一番，不然，自己就成了下一個主動送入虎口的小羊，回頭一想，對方還真是從沒主動聯繫過自己啊！

見招拆招

這是個情感氾濫成災的時代，女人有時比男人更勇敢直接，主動投懷送抱。但凡不想要未來，男歡女愛一場，慰以寂寞就罷了，可是想要好好交往一個真正的男友託付一生，就要擦亮眼睛，看清楚對方的真相，那種不主動的男人，不一定是專一和特別，也許他們只是端著一派正經，等著魚兒自己上勾，如此便不用負責任了。

而且對於那些主動送上門來的女人，他們根本就不當一回事，臉上笑著接受妳的殷勤和身體，心裡卻想「真是個不值錢的賤人！」結局，自然是他不把妳當一回事。

妳見過他「疑似」的家人嗎？

疑點

他知道妳是頗有能力的有為女青年，便說他是被趕出家門、被父母要求磨練的富二代。妳既然不相信他這套偶像劇裡才有的說辭，那麼，他就證明給妳看。而且這證明，是重磅出擊——那就是直接帶妳見他的父母。妳放下心來，覺得可以信任。於是妳全心全意幫助他的事業，為他付出一切。

線索

直到有一天，妳發現自己只見過他「父母」一次。妳是否懷疑過，那真的是他的「父母」嗎？

Q　美麗自信的Gladys遇上一個非常優秀「黃金單身漢」，但相處下來，越發覺得不安。若妳遇上這樣的「壞壞男人」，會怎樣分辯？又該拿他怎麼辦呢？

Gladys跟姚子俊認識不久，姚子俊就對Gladys說，自己被爸媽趕出來了，他的父親是個大商人，家產不少，但是嫌姚子俊不學無術，父親的意思是要他自己在外面吃苦鍛鍊一下，才肯讓他進家裡的公司。

Gladys當時聽了，以為自己在看電視劇。她心裡尋思，自己家也是做生意的，爸媽也沒嫌她不會讀書，就趕她出去做苦工啊！

因為姚子俊那時只是個拉訂單的業務員，到Gladys的公司推銷時，順手拿了她辦公桌上的名片，此後經常發簡訊、打電話找Gladys。Gladys是個善良單純的女人，並不會因為對方沒有成就而瞧不起，甚至有點相信姚子俊說的「誠懇地看她一眼，就警醒了所有感覺」的情話。

所以當姚子俊約她時，她若不忙，通常都會欣然赴約。雖然姚子俊沒什麼錢，還住著小小的出租雅房，但外表不俗，還是有些氣質和內涵。若將來有機會發揮，想必也是個人才。於是Gladys也有心幫姚子俊，比如為他介紹客戶什麼的。

但是Gladys知道，若要跟姚子俊談戀愛，還是得過自己父母那一關。商業界對「門當戶對」看得很重，所以不能輕易做決定。當姚子俊明白Gladys的顧慮時，才向Gladys坦白了最開始說的那一幕，表明其實他是有錢人家的公子哥，只是被打入凡間修行。

Gladys很吃驚，但也有些欣喜，覺得要是如此，兩人的感情會順利許多。

我提醒Gladys：「**他說的未必是真的，妳可得見到他父母才算數啊！**」

姚子俊好像也發現Gladys不太相信自己說的話。於是安排了一天，帶Gladys回家見了自己的父母，在郊區的一棟小別墅，Gladys悄悄打電話給我，說見到了姚子俊的雙親，但是他們表示，姚子俊若自己事業無成，就不會同意他先結婚。

回來後，Gladys對姚子俊的顧慮少了很多，加上姚子俊一再猛追，Gladys就淪陷了，不久後，姚子俊搬出了他的破屋，住進Gladys的套房裡了。

交往半年後，姚子俊的業績做得不錯，升上了經理。可是自從那次後，Gladys再也沒見過姚子俊的父母和家人，每次Gladys說要陪他回去看看他父母，或是安排兩家父母一起見面，姚子俊都說自己做的還不夠好，再等等。又或是他的父母不在家，出去旅遊了。

其實Gladys年紀也老大不小了，兩人同居了這麼久，按理說會談婚論嫁才是，可姚子俊其實連去見Gladys父母的打算都沒有。Gladys很困惑，就跟我說起這件事。我大膽猜測：「他是不是有陰謀？」

Gladys說：「妳就喜歡打擊人，把人想的很壞！這可是現實生活，不是電影啊！」

我卻不以為然，於是我倆打賭，再去一趟姚子俊帶Gladys去見父母的那幢別墅看看，不就知道真相了。沒想到事情發展還是真是戲劇化。我們悄悄去到那裡，發現那幢別墅裡只有一個中年男人看家，說是幫屋主打掃管理房子，問起主人，男人說姓李，又說起姚子俊，男人表示，姚子俊是他兒子，之前他身體不舒服在醫院住了幾天，由姚子俊幫他照看那幢房子。

Gladys聽完差點暈過去，再打聽姚子俊是不是有女朋友。中年男人說：「有啊，他跟我們鎮上田家二女兒念高中時就交往了，大學畢業就訂了婚，只是女方現在出國留學，還沒回來，等她一回來，他們就會結婚的。」

事後，Gladys沒打算追究姚子俊的欺騙。很明顯，他無非也是在城市裡辛苦打拚，大概拿人名片再糾纏的事做了不少，只是Gladys比較好騙，因為她心地善良，於是做了姚子俊的跳板。

見招拆招

心地善良不是壞事，喜歡上一個人，給予最基本的信任也沒錯。但是懷疑有時是必須的，任何事都不可全信，也不可不信。愛情也一樣，有時妳一直以為自己能真心換真情，結果可能只換來了欺瞞的絕情。

是不螃蟹上了岸？

疑點

他溫和細膩，體貼入微。聊天風趣幽默，眼神清澈並帶有羞澀之氣。他讓妳放鬆警惕，徹底淪陷。但他們不主動、不拒絕，還隨時保持後退防禦的狀態。

線索

遇到這樣的男人時，妳若沉迷靠近，會發現他們行蹤不定、曖昧不清。若妳獻出愛情，很有可能得到的不是報之以愛，而是他藏起來的尖銳蟹螯。

Q

公司新來一位男同事Barry，個子不高，卻很耐看。重點是一雙眼睛清澈明亮，因為平時話不多，對誰都很客氣，一副害羞的樣子，因此很受到辦公室女同事們歡迎。阿曼也是其中一個……

沒多久，Barry就看上了阿曼。

阿曼性格最開朗，總是直來直往、大剌剌的樣子。自Barry來公司後，她每天都忍不住用言語或行動「欺負」一下這個在她眼裡像個大男生一樣的傢伙。看著Barry含笑溫和的樣子，阿曼就覺得有趣。

後來，Barry會在下班時主動載阿曼回家。阿曼第二天一來，就會告訴我Barry昨天如何如何，比如溫柔細膩，對她很體貼，早上還會帶早點；又比如聊天時幽默風趣，帶她去玩的地方也比較有格調，甚至連他車上放的音樂都特別有品味。

重要的是，Barry會適當沉默，低調又會察言觀色。要是阿曼哪天心情不好，他就很快能察覺，並能及時逗她，直到她開心起來。阿曼很快就被這樣的Barry迷得暈頭轉向了。

我不想潑阿曼冷水，**但沉迷得太快，到時看清真相後難免特別難過**。所以沒過幾天，阿曼來跟我聊天時提到Barry好像總有不少不明電話時，我便覺得這看似害羞的大男孩，其實很不簡單。

外表看上去低調沉默的人，內心也許會滔滔不絕。一群人中那個最沉默的人，也未必就是最有實力的人。有可能只是假裝深沉，意圖引人側目，**而平時的害羞，有可能只是扮豬吃老虎呢！**

阿曼自此便多了份謹慎，跟Barry相處時，會留心聽他講電話。晚上也開始「關心」他的行蹤。但Barry接電話時總是避開阿曼，要不然就是用很客氣的語氣跟對方說現在有事，等下再回電。至於Barry晚上的行蹤，更是非常神祕，有時接電話，背景起來聽起來很安靜，但隱隱又有音樂聲。阿曼猜Barry是在酒吧、KTV一類的地方，但也不好說破。但是，刻意撒謊說自己在家裡的Barry，已經讓阿曼覺得他不老實了。

後來，某次阿曼換了號碼，在午夜打給Barry，Barry接起來，電話裡的背景音果然吵成一片。阿曼假意說自己電話費忘了繳，只好用朋友的手機打給他。而Barry似乎喝醉了，只說了個KTV地址，要阿曼過去。

到了那裡阿曼才發現，Barry醉得很厲害，在他的語無倫次中，第一次聽到他的真心話。原來這傢伙是為了前女友買醉，阿曼假同事的身分跟Barry周圍那些都已帶點醉意的朋友聊了聊，得知Barry在感情上是個不主動、不勇敢的人，所以在未戀愛前，讓很多女人又愛又恨，因為他總是不拒絕，也不告白。每一段關係都處在曖昧狀態，就像目前他跟阿曼的關係一樣，既沒有承諾，更不曾明確承認雙方男女朋友的關係，但卻又比朋友更親近。

但在Barry拒絕很多人又被自己喜歡過的人拒絕後，就遇到前任女友，那是個敢愛敢恨，跟阿曼性格有點相似的女人。兩人戀愛時關係非常好，好多細節都像電視劇情一樣浪漫。但是後來，前女友變心提出分手。Barry便再次縮進了自己的殼裡，感情對他來說，便再無正式的承諾，也再不敢交付全心。

阿曼看著醉得一塌糊塗的Barry，心裡突然覺得疼惜又不捨。只有重感情的人，才會如此為前女友的離開而傷心吧。於是，阿曼原諒了他所有的退縮和曖昧不明。覺得自己有責任拯救對方，讓他能重新相信愛情。

可是我總覺得阿曼很冒險，一個像螃蟹一樣的男人，雖然外表引人興趣，但在感情上是很難跟前女友徹底斷絕關係的，除非他的前女友與他老死不相往來，再也不會回頭找他。

果然不久後，阿曼就像變了個人似的，漸漸憔悴。跟我說心事的次數也比較少了，後來一再問她。她才說自己真的愛上了Barry，但她發現Barry前女友其實一直跟他保持聯繫，甚至有次她半夜睡不著，突發奇想去Barry家，竟撞見了那個前女友也在，看著他們穿著睡衣的樣子，突然間，阿曼什麼都明白了。

但Barry從來沒有承認阿曼是他女朋友，關係未明，阿曼似乎也沒有什麼權利過問和干涉，只好黯然回家。事後，Barry特意向阿曼解釋，說前女友現在已經有未婚夫了，只是剛好心情不好，回頭向他哭訴。

聽到這些，我越來越覺得Barry是個像螃蟹男人一樣。這種男人風度氣質不凡，容易讓女子沉迷。但在感情上，**他們很難斷掉前一段關係，尤其是身體上的關係**。只要不是他自己扔掉的女人，任何一位再回頭來找他，他都很難抵擋那偶爾的放縱行為，但要說有多愛，其實又不然，他們會在受過傷害後，學會背叛，傷害報復別人，也會學會跟人曖昧，不承認實質關係，覺得這樣才可以保護自己，一旦遇到棘手狀況，便可隨時縮回自己的保護殼裡，殊不知，最終很可能錯過真的對他好的女人……

見招拆招

遇到那些沉默低調的男人，發現他總跟妳曖昧不清、關係不明，且行蹤神祕，經常欲言又止，這時千萬不要被他平時的風度外表迷惑，透過他的朋友瞭解他的行蹤、觀察他的性格，像朋友一樣側面瞭解他的想法，一旦發現他並不是真的想和妳長久交往，還是快點抽身吧！否則妳可能就會被他尖銳的蟹螯刺傷了。

他是不婚男？

疑點

交往多年，同居多年，你們都有一點年紀了，事業有成，有房有車。妳左等右等，不見他求婚。妳左看右看，其實他也沒有變心出軌的跡象。可是，他為什麼遲遲不提結婚這事呢？

線索

妳是否想過，這一切的一切，到底有什麼無法克服的原因嗎？

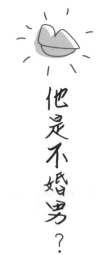

Q

妙雪跟男友易峰相戀三年，同居一年多。今年易峰已經三十二歲，事業穩定，有房有車，具備一切結婚的條件，卻遲遲不向妙雪求婚……

妙雪分析原因有幾個：

一是易峰是個崇尚自由的男人，總還想著哪天揹著背包出去流浪一趟，擔心一旦有了婚姻和孩子，就有了無法擺脫的責任，再無法去履行自己的夢想，所以不想輕易步入圍城，給妙雪一輩子的承諾。

二是易峰有點挑剔，自信非凡的他，常常有意無意地挑妙雪的缺點，不符合他心中完美新娘的一些標準，為此兩人常常爭吵，但最終易峰又回頭道歉，說他只是想想而已，也明白人無完人，沒有誰的人生是完美無缺的。

三是易峰在單親家庭長大，父母在他很小時就離婚，所以易峰心裡，應該也對婚姻有所擔憂。當然，妙雪還外加一條：有可能易峰吃著碗裡看著碗外，外面大概還有備選的，所以遲遲不肯娶她。

雖然妙雪有諸多不滿，但又捨不得輕易放棄這個男人，畢竟他也沒有說不娶她，或是真的在外面拈花惹草。所以妙雪一邊猜測以上種種原因，一邊挖空心思學習如何證實和對付這樣的情形，打算將易峰收服到自己的石榴裙下，終生「監禁」起來。

妙雪開始做的第一件事，就是不再對易峰那麼好，也不再提結婚的事，而是每天將自己生活安排得多姿多采，工作之餘不再纏著易峰陪她，而是出去跟三五好友健身運動，或是喝茶聊天，參加聚會。

偶爾在易峰面前，還淡淡提起某個客戶居然向她求婚，說完後，妙雪悄悄觀察易峰的表情，發現他皺了皺眉，看起來有些不安。接著妙雪又提起公司有出國深造的名額，她也想申請離開一、兩年，然後徵求易峰的意見。果然，易峰馬上表示反對，叫她不要去。

證實易峰對自己還是有愛的妙雪，信心大增，於是又忙著去贏得易峰家人和朋友的心。她經常在週末買點菜去易峰家探望他媽媽，三人相處其樂融融，易峰的媽媽自然也開始在背後催促他結婚了，偶爾有同事朋友結婚聚會，妙雪也想方設方帶易峰一起出席，希望他能感受一下婚禮上甜蜜幸福的氛圍，讓他開始對婚姻抱有好感。

妙雪招數盡出，過了一段時間，覺得有點成效後，乾脆耍了個小手段，用最後一招「奉子成婚」搞定了易峰。當然，我覺得這一招一定要慎用，妙雪是確認易峰愛她才敢走這最後一步。如果遇到一個不喜歡孩子又不太愛自己女友的「不婚男」，那就有可能會傷及無辜的孩子，也作踐了自己的身體。

其實這年頭怕結婚的男人很多，除了妙雪猜的這幾種，也有些男人覺得婚姻變得不穩定，不光他們自己可能會變心，也許妻子某天也會厭倦。所以在他們看來，**與其擔心婚姻的不確定性，不如持續一份戀愛關係，到時分手，也不會那麼麻煩**。

當然，還有一些不婚男只是需要一段感情，而不是一輩子的感情。也許過了三五年他們膩了想換人，也許三五個月就想換人。所以結了婚，就意味著換人的事沒那麼容易。

畢竟婚姻不像談戀愛那樣是兩個人的事。婚姻得面對兩家的親朋好友，是一個超大人際圈。娶她，就意味著走進她的親朋好友圈裡，面對三叔公大嬸婆，壓力可想而知。

見招拆招

無論哪一種不婚男，都有他們特殊的想法和原因，猜到或證實他們真正懼怕的原因，再如妙雪這般，以機智取勝，也許結局就會讓他們從被動變主動。當然，如果他只是玩玩而已，所有辦法都會變得無效，唯一一條，就是早點跟他說掰掰，然後再也不相見。

妳踩上他的婚點了嗎？

疑點

妳知道他過去的一切，曾經暗戀他，卻被冷落擱置不理。但多年不見再重逢時，他突然熱情不已，反過來追求妳。妳正誠惶誠恐，他又一鼓作氣要與妳結婚。幸福來得太突然？想想自己也沒什麼利益可讓他圖，而他也看不出有什麼陰謀，不如就這樣嫁了吧……

線索

遇上這樣的男人，妳是否覺得哪裡不對勁呢？不要怕，也許並不是什麼陰謀陷阱，而是你們剛好在對的時機點上遇見了彼此……

Q

菲兒說，有個男同學突然對她展開追求。追了半個月，菲兒接受了，因為她就以前就對這男同學有好感，但是人家好像不太理她。有時大家在班版上聊天，菲兒主動跟他說話，他也支支吾吾，「哦」幾聲就不見了……

看到男人一反過去的冷漠，倒追起自己，菲兒一時有點激動。所以半個月後，兩人就牽手、接吻，就差上床了。我說：「妳當心著點，小心是陷阱。」

菲兒不以為然地說：「都這麼多年的老同學了，大家都知道彼此的底細，他總不會把我賣了吧？」

好吧，我承認自己多管閒事了。

沒幾天，菲兒打電話來說：「他求婚了，我要嫁給他了！」

也太快了吧!?相戀不到一個月就結婚？不過，這年頭閃婚的事情見怪不怪，雖不保險，但就像菲兒說的一樣，兩人是老同學，大概也沒多可怕。但是要說有多愛，怕還是得打個問號。

所以我問菲兒：「妳愛他嗎？」

菲兒說：「我早就愛他了，只是他不理我，所以只好擱著不愛。現在有機會了，當然愛啦！」

我再問：「那他愛妳嗎？」

菲兒說：「他說愛的！」

我真心不想潑冷水，**但是愛不能只是說說而已**，總得看看表現吧？可是菲兒不以為然，覺得他想要娶她，就是愛的最大表現。

後來，菲兒真的就這樣嫁了。

慢慢地，菲兒告訴我，她已經一次次試探和猜測，甚至不惜跟蹤她的老公，發現他跟前女友還有聯繫。只是前女友選擇了比他更有權勢、更有經濟能力的男人嫁了。也就是因為那女人嫁了，他才也在父母催促下找人成婚。

而菲兒，那幾天正好天天在班版上和老同學們聊天。男人大概覺得菲兒其實是個不錯的結婚對象，賢良淑德，大方自然，做老婆再適合不過了，於是趕緊追求，然後直接求婚娶回家，完成終身大事。會這麼匆忙的原因，是因為他父母想抱孫了，親朋好友催了很久，他自己也倦了，加上前女友嫁人，便也死了心。於是，跟菲兒順理成章結了婚。

菲兒此舉，便是踩上了男人的婚點。也就是男人想要用結婚做為人生的轉折，在這個婚點沒到之前，家裡人再怎麼催逼都沒用，或是再談多久戀愛也不會想著結婚。可是婚點一到，自己意識到自己願意結婚的想法，於是不管談三天還是三月，都可以結婚。只要確定要娶的女人不是騙子，能瞭解背景底細就行了。

見招拆招

這些男人他們不一定對妳不好，但也不見得有多愛妳。好一點的情況，便是繼續下去可以重新談戀愛，慢慢磨合或是本身就適合，像中獎一樣，達到雙方相處合諧的狀態。又或是婚後，女方覺得他並不愛自己，所以百般委屈折騰，兩人的問題分歧便逐一產生。

所以，遇見匆匆向妳求婚的男人，女人們不要先覺得激動幸福。求婚的場景的確讓人激動，但有可能只是一時的幻覺，他嘴裡的愛，只是說說，他單腳跪下拿出鑽戒的目的，只是想要完成終身大事這件任務，與他是否真心喜歡妳這個人沒什麼關係。若妳也只是想要一段婚姻，抑或是妳也剛好在婚點上，那麼在知道他背景底細的情況下，可以接受。

但若妳想要一份能當成愛情歸宿的婚姻，那就不要聽他說「愛」，得先看看他如何「愛」。否則，被他娶回家的妳，有可能獨守空閨暗垂淚，有可能娶回家成了擺設和傳宗接代的工具，抑或是背著正室的名分，卻守著小三一般的等待。

PART 5

真有那麼忙？

我們打著愛的幌子，悄悄懷疑並悄悄證實。

因爲女人只有先保護好自己，才能去談愛與不愛。

如果每天都開會？

疑點

他忙於事業工作，看上去似乎也的確如此。當初他追妳時用盡全力，百忙中抽出時間陪妳聊天，給妳送花，說盡甜言蜜語，直到妳落入他懷中，住進他的屋裡。妳感到歡喜歡萬分，相信他所說的很喜歡孩子，想要一個孩子。於是，妳不計較他每天都忙著開會，不時出差沒空陪妳。

線索

妳在他編織的童話裡孤單等待，漸漸地妳發現，當初的他，就算再忙也有時間寫情書，只是現在早已判若兩人……

Q

暖暖同居了，男人Ken是間知名企業的部門經理。追暖暖時，無論多忙也會抽空見她，有時晚上還陪她聊到深夜才睡，暖暖體恤他，催他早點睡，第二天還要上班，但他不肯睡，說再怎麼忙也要陪著妳直到地老天荒……

於是，暖暖甜蜜蜜地相信這個男人是真的愛她，才會花那麼多精力，投入那麼多時間在她身上。歡歡喜喜搬進了男人的房子，蜜月期還沒度完，Ken就被召回公司忙了。

Ken一開始還帶著愧疚向暖暖解釋，請求她的體諒。暖暖當然也萬分體恤，就像Ken說的那樣，現在壓力更大了，得投入更多時間賺錢，因為想和暖暖結婚，想要生好多孩子，想要給他們穩定舒適的生活，讓暖暖什麼也不操心，帶著小王子和小公主們，過著皇后般的生活。

所以，Ken越來越忙。**剛開始是晚歸，後來開始不歸**。每次暖暖打電話去，Ken就說在開會，一句話就掛掉了，有時過一會兒會回電，有時乾脆不回覆。隔天回來向暖暖解釋，無非是業務越接越多，會議都臨時才決定開的。晚上加班晚了，就在辦公室休息間隨便靠著睡一下。

儘管這樣，Ken還是惦記想要孩子的事。拿給暖暖的存摺上數字越變越多。暖暖抱著那些錢，覺得這樣也是對的，不如就為他生個孩子吧！可是她漸漸發現，Ken不回來的日子越來越多，而且每次打電話給他，都說在開會。

暖暖跟我聊起這件事，問是不是男人追到女人後，都會變得很忙，因為生活壓力變大了？

我想了想，覺得這論點並不成立。男人追女人時就都有空，怎麼在一起後就變得那麼忙？他們真有那麼多會要開？真的忙到沒辦法回家？未免也也太不可靠了。

唯一的辦法，就是拆穿他是不是真的每天都在開會的說辭。要拆穿也不難，在他接電話說正在開會的時候，趕去公司看看，或是人直接到公司時打電話問他，若說在開會，馬上就能見真章。

暖暖也這樣做了，雖然拆穿真相有點殘酷——Ken並沒有加班，也沒有開會，而是根本就不在公司。一打聽，Ken居然已是有老婆的人，只是結婚多年，一直沒有孩子。

原來，他根本把暖暖當成生孩子的工具！

這真是個讓人感到恐怖的事，好在懷疑及時，查明了真相。

其實揭穿謊言的過程並不難，關鍵在於女人是否會懷疑，有些男人的謊說得跟真的一樣，女人就算有一點點懷疑，也會因為覺得兩人的感情太美好，不忍心破壞，於是一切都往好的方面想，直到最後實在不敢、不能再自我欺騙下去，才肯證實。

見招拆招

男女之間的事，的確存在許多陰謀和可怕的騙局，只是騙子的目的千百種，有的只是寂寞玩玩，有的或許是想完成父母的心願，找個女人成家，有的或許是想佔了妳便宜就換人，有的或許是見妳有利可圖，湊上來沾點光，而這種欺騙感情為自己傳宗接代的事，算是有些驚人的一類。

但是高明的騙子，也有可能讓被騙的女人死心塌地為他生下孩子。到時要麼用錢解決，要麼就用苦肉計。總之，他們覺得女人一旦上了床，懷了孩子，就很好對付了。

所以，懷疑是有必要的，更深入的懷疑也是有必要的。甚至有些女人被騙去賣身的，也都是從一個打著愛的幌子開始。

而男人用每天開會的謊言來欺騙女人，其實也不高明。他們可能太自信，覺得女人愛他，會因為對未來有期待而願意等他、相信他，並且經常用錢來安撫妳的心。

唯一的辦法，就是不要覺得在背後懷疑和探查自己愛的男人是件不道德的事。如此行為，不也是因為想要確定愛嗎？我們也可以打著愛的名義，悄悄懷疑並悄悄去證實。因為女人只有先保護好自己，才能去談愛與不愛。

他的時間都花到哪兒去了？

疑點

他跟妳談戀愛時，兩人關係穩定。一朝他去了異地工作，你們成了週末情侶。最初的想念是分分秒秒的，他一到週末就迫不及待回來見妳。漸漸地，妳發現他不再急著回來看妳，也不希望妳去看他。他說自己很忙，因為升了職，沒時間陪妳了。

線索

遇上這樣的男人，不妨留心蛛絲馬跡，他要麼真的忙到不可開交，要麼很有可能已經變心了。

Harriet跟宋輝交往兩年了，半年前，宋輝被調到外地工作。兩人只好開始遠距離戀愛，週末時兩人不一定誰去見誰，反正一定都會相聚，成了所謂的「週末情侶」。慢慢地，Harriet發現宋輝聯繫自己的次數越來越少了……

這些蛛絲馬跡在於——從最初每天叮囑對方按時吃飯，晚上互道晚安，到最後變成三天兩頭才提醒關心一下。Harriet問宋輝在忙什麼，他的回答是升職了，剛上任，任務重大，所以投入很多精力，時間的確變少了。

於是漸漸出現兩人相隔兩週都沒見面的情況，這足半年來不曾有過的。Harriet鬱鬱寡歡，找我陪她談心，懷疑宋輝是不是有了新歡，所以才說時間不夠用。不過，就算再忙，也沒理由忙到連發個簡訊關心一下日常起居這點小事都沒做不到啊！

想來的確是這樣，難道要Harriet親自駕臨去調查一下？

看著Harriet如此糾結難過，覺得一定要馬上證實真相才好，**也許真相讓人失望，甚或可能因此失去戀人**，但依Harriet的性格，要就全部，要不就沒有。

所以，當宋輝再下個週末也表示不能回來陪Harriet時，她什麼也沒說，自己悄悄去了。沒有事先聯繫，便先到宋輝的公司，果然發現他撒謊，根本沒有什麼加班的事，而且前兩個週末也沒加班，這些消息只要跟公司的守衛大叔一問，很容易就能證實了。

Harriet氣得發抖，深深覺得宋輝肯定有了新歡，於是匆匆趕到他的住處。敲門半天不開，甚是詭異，就在Harriet快要崩潰的時候，終於有人來開門，卻是另一個男人……什麼？難道宋輝居然有這種愛好？同性戀情？

Harriet推開男人，進去一看，發現這兩人明顯住在一起。因為房間裡放了兩台電腦，並排。床上也有兩件被子，再進洗手間，也是兩套衛浴用品。宋輝見到Harriet，驚訝得傻住了，不知說什麼才好，由著Harriet裡外檢查了一遍才喃喃說：「妳怎麼來了？」

Harriet一陣咆哮：「我來的不是時候吧？我不來你們很快活吧？真沒想到你居然對男人有興趣！」

又哭又鬧的Harriet好一陣子才平靜下來，宋輝向她道歉：「真不是妳想的那樣。我瞞著妳，是因為迷上了魔獸遊戲……」

原來那男人是宋輝的新同事，拉著他一起玩魔獸，從前Harriet一直不讓宋輝沾線上遊戲，好在宋輝也聽她的話。如今兩人不常在一起，時間多出來了，於是嘗試了一下，結果個性沒什麼自制力的宋輝就此沉迷，無法自拔。

這兩人為了方便一起玩，對方還搬來一起住。週末自然也不想再花時間趕去見Harriet，只好藉口升職了沒時間，其實時間都花在遊戲裡了，而且連工作都差點不保。

最終的結果是，Harriet動用了多方關係，把宋輝又調回原來的城市。因為她知道，自己的男友其實是個善良老實的男人，所以一定要把他拉回來。而這次懷疑的方向雖然錯誤，但結果是讓她慶幸的，及早發現男友沉迷網路遊戲，跟沉迷某個小三女人的情況，其實也差不了多少。

見招拆招

很多男人常常在戀愛遇上疲倦期時，說沒有時間陪女友，也不是因為有了別的女人，或許他們的新歡是一款遊戲，或許是迷上了賭博，或是迷上了某項娛樂。總之，只要發現他的時間變少，行蹤不定，對人愛理不理時，適當懷疑並去探查一下，趁還有救時拉他一把。若能及時回頭，就少了日後許多麻煩和後悔。

當然，也有許多人不肯悔改，面對女友拉他回頭時表現冷漠，甚至就此分手決裂。遇上那樣的男人，也要慶幸能趁早發現原來自己在他心裡，不如另一項愛好或是不良的娛樂。那樣，妳就不用再理會他的行為，讓他自行想通誰更重要。若他真的愛妳，有一天就會回頭來找妳。當然，要給自己和他一個限期，不要無限期等下去。女人的青春，應該要交給懂得珍惜的人才對。

為什麼出差的總是他？

疑點

他最近經常出差，妳追問起來，他說換了部門職位。他的話聽起來不太可信，於是妳追去他出差的地點，打電話去，卻發現他不肯見妳。看樣子，他根本就不在那裡。

線索

那麼，他不是出差，而是「出軌」了吧？可是，事情真的有那麼簡單嗎？

Q

秋秋的男友顧良最近經常出差，秋秋的時間變得多了起來，於是常來找我。開始還覺得自由自在，男友一走就是三五天。秋秋拉著我去KTV唱歌，或是三五好友一起逛街、吃宵夜、喝啤酒到深夜，也不用怕晚回家無法交代。可是次數多了，連我們也覺得奇怪。

「顧良以前也是這樣經常出差的嗎？」

秋秋毫不在意地說：「他說換了部門，工作性質不一樣了，比較忙。」

「可是，他們部門沒有別人嗎？為什麼每次出差的都是他？」

果然，有句話說「女人的手帕交都是前世的仇人」，非得把這麼敏感的猜疑說出來。秋秋因此有些不安起來，她說自己其實早就在懷疑了，只是自欺欺人罷了。她覺得自己應該信任男友，畢竟那樣深愛過、相處過，而此刻也依然愛著。

若一直這樣放任下去，看來顧良還會不定時出差，三天兩頭不回來。

秋秋最終還是決定面對殘酷的真相，不要美好的假象。所以，在下一次顧良又說要出差時，她問了地點。顧良說了，秋秋便又去他公司打探，結果顧良好像跟同事套好了招，大家的說法都很一致。

沒辦法了，不知道到底顧良以前說的都是真的，或者公司那些人也幫著他瞞著秋秋，抑或都是真的，也可能都是假的。看來只有自己前去挖掘真相才行，於是顧良前腳出門，秋秋後腳就趕到顧良出差的地點，打電話給他，說自己也在那裡。顧良當即生氣地說：「妳跟蹤我？」

秋秋當時也在氣頭上，說：「若你在這裡，應該高興才對，我有時間、有機會來陪你不好嗎？我好不容易有假期……」

可是顧良無論如何都不肯見秋秋，拋下狠話說：「妳一定要這樣，我們現在就分手！妳若不再搗亂、無理取鬧，我回去後再跟妳解釋。」

可秋秋不是那種非某個男人不行的女子，當下就說：「你現在不見我，那就分手吧！你如果無所謂，那我就當你根本不在這裡，而且有了別人。」

顧良沉默良久，只好說：「我的確不在這個城市，但我沒有新歡，我只是被朋友拉著到澳門賭博。我現在走不掉，妳等我回去了再跟妳解釋好不好？我以後再也不賭了好不好？」

好吧，秋秋一時也說不清這個結果是好還是不好。只好悻悻然回來，向大家說起這件事。我們覺得這故事太讓人詫異了。所以，除非顧良就此不再以出差為藉口去不明場所，否則，偵察工作還是得繼續。因為這個男人，已經不能相信了。

好在，顧良那次回來後，帶著秋秋去了公司，跟其他同事和那個帶他賭博的朋友碰了面，證實了以前那些出差的日子，他是被帶去賭博。

很多時候，當我們對自己的戀人有懷疑時，不敢問太多，怕猜忌會傷害彼此的感情。但信任必須建立在對方的表現不會讓妳起疑的坦然之上，若他明顯表現出某些讓人不得不懷疑的態度時，妳的懷疑就是有必要的。

見招拆招

隱忍是一種方法，但是懷疑可能會讓妳發現一個正要變質的真相，從而及時救治或改正。當然，這樣做的風險是可能會發現另一個更殘酷的真相，一旦被拆穿之時，就有失去對方的可能。但是，如這種真相真的存在，寧願失去他，也比活在猜測的煎熬和被欺瞞的痛苦中好得多。

所謂長痛不如短痛，感情裡的事，有時也需要擺到檯面上來說。我信任你，而你必須給我足以信任的理由。否則，我的懷疑就是天經地義的。而且，就算愛那個人愛到骨子裡，也不能容忍他有新歡後，還傻傻等著他玩夠了再回來。

那樣不是真正的愛情，是妳一個人的執念。我們拆開真相，看看在對方心裡妳有多重要，然後再決定要不要繼續愛，哪怕失去的痛再難受，也不要去愛那些不愛妳也不尊重妳的男人。

真任性還是假任性？

疑點

平時的他穩重成熟，做事考慮周全。突然有一天，他卻打算放下一切，打算去進修、去尋找自己的價值。他變得任性起來，不聽父母親友的勸告，自然也嫌妳不理解他的凌雲壯志。

線索

若他此時的任性，真的只是認為學無止境、想充實自我也就罷了，可是，為何他性情轉變得如此之快？他，是在假任性嗎？

Q

豆豆最近說男友要放下父母交給他的生意，打算出國深造，說人生短暫，學無止境，所以他要繼續充實自我，不想停留在原地。可是豆豆知道，男友家的生意經營正在關鍵時期，他怎麼早不說晚不說，偏要挑這時候放下一切離開呢？

不光如此，豆豆跟他交往了兩年，他若要繼續深造，是不是要先跟豆豆訂婚、結婚，或是做點什麼行動，好證明他們的關係穩定，不會因此發生變化呢？

可是男友似乎根本沒考慮這些，一副我行我素的樣子。滿嘴的壯志凌雲，信心百倍，似乎將來要參加保衛地球、拯救人類的活動一般，男友的家人也很不能諒解，他的父母非常生氣，說懂得充實自我是好事，但也得看時機，現在公司正投入開發新的業務，他卻突然要跑掉，實在是任性又不負責任的行為。

不管怎麼罵或勸阻，男友都無動於衷，還說自己就是要任性一回，否則可能就此再也沒了動力和信心，有勇氣拋開一切從頭學習。

家裡鬧得不開心，豆豆便找我們說心事。她的確也無能為力，只是她覺得奇怪，以前男友不會這樣，是個通情理、顧大體、識大局的人，懂事又負責任，**現在怎麼突然變得跟孩子一樣任性呢？**

豆豆這樣一說，大家也覺得奇怪。於是一致認為，他男友是不是另有目的？或是另有隱情？

雖然有點不厚道，但豆豆也管不了那麼多了，決定從偷看男友的手機和聯絡工具開始著手。平時因為男友工作繁忙，業務聯繫諸多。手機電話、簡訊很雜也很亂，所以豆豆就算聽到男友跟異性聯繫，也從不過問，因為根本問不完，畢竟都是業務生意上的事情，所以也沒放在心上。

但是現下是特殊時期，就不一樣了。所以，豆豆假意說自己願意支持男友的計畫，準備了紅酒晚餐，陪他多喝幾杯，表示理解他的想法，還要替他說服他的爸媽。豆豆的男友一高興，就多喝了幾杯，先醉倒睡下了。

豆豆一股作氣，查看了他的手機、LINE、電郵、簡訊、通話紀錄等。結果，發現男友是跟高中時期的一位女同學約好一起考國外的某研究所，接下來他們規劃一起讀博士班，一起生活。那女同學是男友的初戀。事過境遷再相逢，於是就有了這麼一齣預謀逃家的戲碼。

豆豆看得傷心欲絕，但真相如此，只好決定自己離開，免得男友再作戲裝任性。

男人若平時理智負責，做事有條理、有計畫，突然有一天變得任性，讓大家難以理解，那就得想想他為何突然這樣。是真的任性，還是假裝任性？很多時候，他們找不到對方的錯誤和背叛的理由，只好自己先像個孩子一樣耍賴來應對女友和家人。

妳若相信他是真任性也無所謂，畢竟在他看來，和負心相比，任性要簡單很多。這樣，他們就可以在風平浪靜中離開，並且慢慢冷淡下來，最終逃出妳的視線控制範圍和心的制約範圍。

這樣的男人，也是不敢擔當的那一類，或許，他對那個未知的約定也覺得不確定。所以，在那一場戀情沒有正式獲得保障前，他們要兩手抓，將妳先放在原地，然後花點時間左右權衡觀察，再做最終決定。

這無疑是十分卑劣的行為，但這樣的行為發生前，一定有蛛絲馬跡。比如豆豆男友那樣，性情突然轉變。這時妳就要注意和懷疑了，因為一個人的性格雖然複雜，但突然的轉變仍有脈絡可循，其中必然藏著不可告人的真相。

為什麼總是轉移話題？

疑點

他是妳親密無間、無話不說的戀人，某天他因為工作調去異地，你們的愛情隔著時空，僅限於用科技方式聯繫，但是，妳覺得這並不會影響兩人繼續表達對彼此的想念和愛戀。

線索

可是，當妳訴說著甜蜜情話，他為什麼不搭腔、不配合，甚至轉移話題了？他在逃避什麼？

Q

靜書的男友Rain最近調去別的城市工作，兩人的聯繫只限於網路上和手機了。到了新的城市，靜書怕Rain孤單，所以噓寒問暖，關心得無微不至，而且每天晚上還按時打電話給他，陪他在LINE上聊天。可是靜書漸漸發現，Rain其實有點心不在焉……

最初是回覆她也是半天一句，問他在幹麼，他的說法很多，比如看書、看電影，或是看球賽，要不就是在看工作報表，或是去洗澡了，後來乾脆就忽略她的來電或訊息，總之，難得可以一直陪著她聊，偶爾聊得稍微投入一點，也會在靜書問他想不想她的時候，突然轉移話題，或是突然說：「親愛的，我去洗澡了，累了，晚安……」

這讓靜書有些惆悵，認為Rain變心了，可又覺得應該不會那麼快。他才剛到那裡，怎麼可能那麼快找到新歡？或是他根本不想她，也不會寂寞，所以每次跟她聯繫，都像在交差了事一樣？

靜書要我幫她分析，我便問起他每次都是聊到什麼內容時轉移話題。靜書表示，都是在說甜言蜜語、提到兩人的將來，或是說什麼時候去看他、問他什麼時候調回來，抑或是提到兩人以後的婚事之類的。靜書說，從前兩人在一起時也曾提這些事，但那時Rain的態度明顯不一樣，每次都很認真回答、面對、解決。

看樣子，態勢很明顯了。**要麼是Rain有新歡，要麼是早有新歡了，而且他已在投入新歡懷抱的**

路上了。

靜書一聽，突然想起Rain提過有同事一起調過去。當時靜書沒有問是誰，現在想來，一起調去的，有可能是女同事呢？那樣，他們就是在異鄉的朋友同事兼夥伴了，正好近水樓臺先得月。若是兩人再因為種種原因住在一起？靜書想起，Rain說過跟朋友合租套房，越想越不對勁，只好暗地裡打探情況。她怕Rain起疑，不好直接跟他要地址，以免顯得自己太小家子氣，所以靜書先找到Rain調去的分公司，花了點心思查到他留在公司的通訊地址。

直接找上門，果然抓到Rain跟同去的女同事住在一起，兩人正一起開心地吃晚飯，且女同事穿著暴露的居家睡衣。由於事出突然，讓三個人都愣在原地。Rain絕對想不到，明明應該在上夜班的靜書竟會突然出現，就像從天而降的判官，一下子揭開真相，然後判了死罪。

事後，靜書覺得很難過，也曾問過Rain為什麼那樣做，為什麼不早告訴自己，Rain只是說對不起，別的什麼都不解釋。當靜書問起「你什麼時候開始不愛我？什麼時候愛上她？你是不是從沒愛過我？」時，Rain又一次轉移話題。

靜書十分痛苦，趴在我肩上哭。我說：「妳別問了，他轉移話題不回答，其實早已預告真相很殘忍，妳又何必再問？**唯有放下，才是解脫，也唯有不再追問，才能留下最後的自尊。**」

這樣的情況的確是很悲劇，但每一個出軌事件發生前，都會有隱隱徵兆。一個人對妳要是淡了下來，在妳跟他說話時閃爍其辭、轉移話題，開始客氣禮貌有距離時，明顯就是出了問題。那時候，除了繼續追問，最快的解決辦法就只是由自己來找出真相了。

早一點知道原因選擇放棄，好過傻傻以為對方還是妳的人，依舊傻傻為對方付出感情。**有些男**

人就是如此，即便已經愛上別人，卻打著不想傷害前女友的幌子逃避躲閃。看似善良，其實卑鄙可恥和懦弱。既然敢做，那麼為何不敢當？還要一邊掛著兩人，一邊應付，一邊背愛情臺詞給前任聽，以為自己是古代老爺，可以應付三妻四妾一樣。

見招拆招

一份情感裡，最悲哀的事不是妳的男人愛上別人拋棄了妳，而是當他在愛別人時，妳卻以為他愛的人還是妳，妳還在對他甜笑、撒嬌、對他說情話、對他關心，結果那個變了心的人，此時面對妳的愛，早覺得是負擔，甚至噁心。所以，他們轉移話題，他們變得客氣，他們聽到妳說愛他時不再熱情回應：我也愛妳。

如果發現妳的男人在妳對他說情話時不再馬上回應，在妳向他提問關於你們的未來時總是轉移話題，一定要馬上警覺。那個他，一定是有了不可告人的秘密。而真相，就是讓妳看到痛苦卻可以重生的東西。

私人空間有「私人」？

疑點

他的工作需要安靜獨處，但他也需要妳的照顧。可是某一天，他突然嫌妳佔用、打擾了他的私人空間。他說，需要一段獨處的時間來完成某項工作或任務。妳雖然感到委屈，卻還是相信了。

線索

但是，他真的只是為了工作嗎？他的私人空間裡，現在還有別的「私人」嗎？

Q

H小姐的男友阿奇是個網路作家，平時H小姐常常住在阿奇那裡，下班後為他打理日常生活。做做飯，洗洗衣。夜裡阿奇創作，H小姐就自己看看電視、上上網，然後自己先去睡。有時阿奇整夜不睡，H小姐早晨起床上班，發現他還在電腦前忙碌。H小姐越發覺得阿奇太辛苦，所以盡力在生活上將他照顧得好一點，為他買營養品，為他燉補腦的湯，但阿奇卻不領情。

H小姐有點納悶，還以為自己哪裡做得不好。

阿奇卻表示不是H小姐不好，而是他需要私人空間。H小姐覺得委屈至極，自己又沒打擾他寫作，怎麼他會覺得沒有私人空間呢？阿奇卻有些不耐煩地說：「我有時正寫得入神，妳不是叫我吃飯，就是催我睡覺；或是我正在思考，妳一個碗掉進水槽或是開一下門，就打斷了我的思路……」

阿奇還在挑例子，打比方，H小姐早已聽不下去了，原來自以為照顧他是愛的表現，卻落了個狗咬呂洞賓，不識好人心。既然打擾了人家的私人空間，只好打哪來就回哪去吧！

H小姐回去後想想，覺得也許阿奇說的是真的。他的職業跟自己這種作息規律的人不一樣，的確怕思緒被打斷。所以，愛他就給他私人空間，任他盡情創作吧！也許哪天他一舉成名，就不會再那麼在意所謂的私人空間了。

也許H小姐的想法是對的，自她回家沒去見阿奇後，阿奇對她反而比以前殷勤許多，但只限於電話和LINE聯繫，每天跟H小姐報告自己寫了多少，並且說自己吃好、睡好，身體也很好，要她別擔心，等寫完這部作品，兩人就待在一起再也不分開。

如此一來，H小姐就也放心了。

轉眼快一個月過去了，H小姐對我說，阿奇還是不讓她去家裡。說正在關鍵時期，每天得產出大量字數，否則達不到網站合約裡規定的字數就得扣稿費了。我起疑說：「那也不至於這麼久不能見面吧？難道見了妳就寫不出來了？他一天二十四小時都需要私人空間？」

對於我的一針見血和直接，H小姐表示不滿，但是過了一會兒，她又神情黯然地說：「其實我也在懷疑他了。」

既然懷疑，就去證實，這是我們女人幫的宗旨，所以那天阿奇過問H小姐行蹤時，她表示自己回鄉下看看媽媽。但晚上，H小姐搭了車去阿奇的住所。結果，**在他的私人空間裡，有另一個女人存在**。雖然當H小姐開門進屋裡時只有阿奇一個人，但女人的直覺和敏感，很快嗅到這裡曾有另一個女人來過，並且是經常造訪。

那些還沒來得及扔掉的垃圾裡，有化妝紙。那些廚房的垃圾袋裡，還有兩份同一天同一時間叫的外賣。在阿奇緊張的神情裡，H小姐默默看了一遍這個曾有自己身影的屋子，又默默看了看阿奇那張神色有異的臉，然後安靜離開，再也沒回去了。

儘管此後阿奇一再表示自己是清白的，一再求H小姐回他身邊，說他愛她。但H小姐不為有所動。她說，也許自己錯怪那個女人跟阿奇有親密關係，但阿奇的行為已經深深傷了她的自尊。

見招拆招

的確，當妳對一個男人照顧得無微不至、體貼入微時，他漸漸覺得厭煩，想尋求新鮮感，但又不想丟失妳這個或許在他看來是老媽子一樣的存在，於是偷腥的心便湧現出來。有些人只是想想不敢做，有些人則會仗著妳信任他、愛他來編織謊言。

於是他們一邊跟妳上演銀河之戀生生世世，一邊在自己的私人空間裡藏進屬於他的另一些「私人」，此類男人，猥瑣至極，可殺不可忍。不管妳是不是現場抓姦在床，都不要再姑息和相信他的隔空蜜語。

因為真的愛一個人時，他不需要私人空間，他要的是妳在他的視線裡，哪怕他放下自己的時間，也得把優先時間拿來跟妳在一起。

撒嬌為何變肉麻？

疑點

他初識妳時，喜歡妳的嬌羞可愛，喜歡妳的撒嬌。於是，妳便繼續保持自己的風格，一路下來跟他邊戀愛邊撒嬌。突然某天，他卻衝著妳的撒嬌發了脾氣，嫌妳肉麻當有趣。

線索

妳委屈至極，他變心了嗎？喜歡上更會撒嬌、更可愛的女子了嗎？

Q

香香是個可愛型的女孩，外表柔弱嬌羞。男友Gene當初就是喜歡上她的可愛，誓言保護她一生一世。香香在Gene面前只消一個微笑、一個回眸、一個轉身、一個小撒嬌，都能迷得他有求必應。可是近來香香跟我說，她只要一撒嬌，Gene就嫌她肉麻，輕則躲開假裝沒聽到，重則諷刺香香太噁心了，整天把撒嬌當可愛。

一年前的Gene對香香可謂有求必應，比如香香叫聲：「Gene，我要吃櫻桃。」Gene不管刮風下雨，都會立刻跑去給她買回來，又或是香香看到某件衣服好看，就撒嬌說：「Gene我要嘛，我喜歡嘛！」Gene就馬上樂呵呵地說：「好好，買給妳……」

當然，那是一年前的事了。最近香香委屈得不得了，曾經，Gene就是因為她的可愛跟會撒嬌才愛上她的。現在，賴以博得寵愛的技能卻失了效，不得不懷疑Gene是否膩了。於是香香百般懷疑Gene出軌變心，各種跟蹤，偷看手機、LINE的聊天紀錄，卻什麼蛛絲馬跡也沒發現。

倒是某天香香再次跟蹤Gene被發現了，兩人大吵一架。Gene拂袖而去，表示再也受不了香香了。看樣子Gene的確變心了，另有新歡，所以才如此對待香香，但聯想到香香平時的表現，我卻覺得不一定是那樣。

於是我要香香仔細回想，自己都是為了什麼原因才撒嬌，香香一臉委屈，回憶起來，好像都是有所求時才撒嬌。比如要Gene買某樣東西，要Gene給自己煮吃的，要Gene幫自己做某件事……

以此類推，香香撒嬌的出發點，都是因為有所求，而如今天對香香表現出厭煩的Gene，其實也許一開始沒發現香香撒嬌的出發點是什麼。**所以在情之初濃時，男人常會忽略女人某個表現後的真正目的，於是，那時的撒嬌就是可愛。**

但裝可愛的時間一長，男人就會開始客觀地去思考這女人撒嬌的真正原因是什麼。後來，他們漸漸發現，原來女人撒嬌是為了達到某種目的，這耍心機的效果便開始失效，有的男人甚至覺得上當受騙了。

香香聽了我的分析，決定不再拿撒嬌當可愛。因為原本她也沒那麼多要求的，只是誤以為Gene吃這一套，所以一直習慣性延續下來。所以，這丫頭回家後收斂許多，故意一本正經、一板一眼的跟Gene相處。凡事獨立完成，在Gene面前不卑不亢，果然沒幾天，Gene就對她刮目相看。於是，原本緊張的關係便漸漸緩和了下來。

當然，如此簡單便能解決的原因，是因為Gene和香香原本就相愛。只是他們在最初都誤會了撒嬌的用意。

見招拆招

女人以為男人將她的撒嬌當可愛，男人誤以為女人是愛自己、依賴自己才對他撒嬌。不排除撒嬌的成分裡有這些原因和作用，但女人們想向男人撒嬌時，不免想想自己為什麼撒嬌。若是關心他，撒嬌不讓他再工作，撒嬌讓他停下來陪自己，或是撒嬌讓他喝下妳燉的湯，那麼這種撒嬌就跟愛有關。但撒嬌若是為了讓對方為自己做什麼，那就得想想是不是妳太自私，以撒嬌做為達成目的的手段了。

若覺得自己每一個撒嬌的出發點都是有求需應，那麼還是反省一下男人為何不再吃妳那套撒嬌的老把戲。他們若在將妳的撒嬌當肉麻，妳需警醒，若不是他有了新歡，就是對妳已有不滿，若不看清問題所在加以改善，那麼接下來就可能真的會有個清心寡欲、對他無所求的新歡出現了。

為什麼不願擦乾妳的淚？

疑點

他溫柔體貼，初時將妳照顧得像公主一般。他會在妳委屈流淚時，第一時間擦乾妳的淚，想方設法逗到妳破涕為笑。為此，儘管他一無所有，妳也覺得跟著他會幸福。妳們同甘共苦很長時間，雖然艱辛卻因為他的愛無處不在而堅持下去。但有一天，妳發現他不再顧慮妳的淚水，不再擦乾妳的淚，而是在妳的淚水前，厭煩地轉身離開了。

線索

過去將妳捧在手心上的他，究竟怎麼了？態度轉變如此劇烈，千萬別自欺欺人，忽視了這個徵兆。

Q

Miriam男友阿山是個溫和善良的男生，Miriam當初並不很喜歡阿山，但經不住他的溫柔轟炸，於是妥協成了戀人。但這種溫柔已日漸變質了……

原本，阿山的確是個柔情的男生，一路將Miriam照顧得很好。

Miriam是家裡的獨生女，從小就得父母寵愛，所以經常發點小脾氣，使點小性子，動不動覺得自己很委屈，阿山一不小心哪裡做得不周到，Miriam便會來個梨花帶雨，但阿山總有自己的一套辦法，很快能擦乾Miriam的眼淚，讓她破涕為笑。

所以，Miriam一直覺得有這樣的男友是件很幸福的事。儘管阿山老大不小了，工作還是不穩定，也是標準的三無男人，Miriam也從沒想過要離開他，還憧憬著某天阿山能跟她結婚，正式成為他的人。

可是還沒等到阿山開口求婚，Miriam卻發現他漸漸變得話少了。自己生氣時，阿山也不像從前那樣賣力地逗她開心。Miriam察覺到這種狀況時，擔憂地問我：「阿山是不是變心了？」

當然，單憑阿山近期對Miriam的冷淡，不能就此判定他變心了。所以Miriam也只能靜觀其變，為此，Miriam也很注意自己的言行，反正阿山沒心情哄她，她也就學著克制自己為了想被寵愛而表現的小脾氣。

只是快一個月過去了，阿山還是有些不對勁。對Miriam的態度不冷不熱，回來要不玩電腦遊戲，要不倒頭就睡。Miriam覺得委屈，但基於信任，又不想追問阿山，所以，Miriam便流眼淚了。這次阿山看到了，但他沒有過來擦乾她的淚，而是說：「如果妳覺得跟著我那麼委屈，就回妳家去享福好了……」

Miriam一聽，心裡更難過，哭得也更厲害了，但阿山卻視若無睹，轉身出門上班去了。

Miriam來找我，說懷疑阿山變心，說自己跟了一無所有的他這麼久，跟家人都鬧翻了，他卻用這態度對她。

我只好建議Miriam別胡猜，去看看阿山到底都在做什麼吧！Miriam雖然覺得不太好，但還是悄悄跟蹤了阿山一天。結果發現，阿山下班後沒有回家，而是騎車去了郊區，Miriam心裡沉沉的，生怕揭露了什麼她不想看到的真相。

結果，阿山是去郊區一個工地打臨工，看得Miriam又心疼又心酸，當晚回去，便做了一頓好吃的，跟阿山敞開心扉談談。原來阿山是覺得自己一直賺不到錢，無法讓Miriam過好生活，所以一來想冷落Miriam激她離開自己，二來也是因為做雙份工的確很累。

想起一句話，「我要抱妳，就要放下手中的磚」。這樣的情形，就像我要擦乾妳的淚、哄妳開心，就沒有更多的時間和心思去賺錢給彼此更好的未來。**男人的冷落有時也不一定都是變心和背叛，特別是一個還沒有成就、沒有事業的男人，在愛一個女人時，總會有更多壓力**。他們覺得自己給不了對方物質上的幸福滿足，所以會花更多心思溫柔待妳，想要彌補這份愛情帶給妳的委屈。

當壓力一直持續，他們也會有放棄之意，也會覺得是自己拖累了妳，所以表現冷淡、愛理不理，若妳覺得不能忍受而無理取鬧，多半會加劇你們分手的速度。但妳若一味懷疑他是變心了才如此待妳，也不一定正確。女人想要讓一個男人離開，唯一的理由是不愛他了。可男人很多時候願意**讓一個女人離開自己，卻有可能是因為愛。**

見招拆招

所謂「愛她，就留下她」，有時只會讓他們更為難、更矛盾、更痛苦，所以當他冷漠的不理妳，不為妳擦乾淚水時，不要輕易就離開，或許，妳會看到一個讓妳心酸卻又無比感動的真相。

蜻蜓點水的吻浪漫嗎？

疑點

他說自己很忙、很累，回家還得鑽進書房加班。所以，他沒空陪妳嘮叨，沒空跟妳溝通，當然，他也沒空深情擁吻妳了。但他還是會在每天出門、回家時，吻一下妳的額頭，看似浪漫，實情卻未必如此。

線索

這樣的男人，妳是否懷疑過，他是帶著敷衍的心情給妳蜻蜓點水之吻呢？

Q 小池說老公Paul最近越來越忙，每天下班回家後還鑽進書房加班，要不很晚才回來，倒頭便睡……

小池說，都不記得他有多久沒有深情抱抱自己、吻吻自己了。我問：「你們完全沒有身體接觸了？」小池說，那倒不會，他每天進門、出門時，都記得吻一下小池的額頭。

聽起來倒還滿浪漫的，每天如此，可不是每個男人都能做到或覺得有必要。當然，外國男人不算，他們的吻是為了表現禮貌，但臺灣男人含蓄得多，每天吻老婆額頭的情形並不多見。

朋友裡有人說小池：「妳呀，身在福中不知福，妳老公事業有成，工作忙碌是正常的，每天吻妳額頭已經很浪漫了啊！我家那位有時根本就不回家，幾天不見人影呢！」

聽來真是悲哀，大多數女人總渴望跟自己的伴侶朝夕相伴，膩在一起多長時間也不嫌，好像對方待在她視線範圍內才能安心，或是能一起共事，一起回家，一起做每件事才好。當然，也有部分女人有自己的事業和工作，也一樣忙得焦頭爛額，沒空管自己的另一半在哪裡？做什麼？還有一部分女人對自己的另一半原本就不是很滿意，抑或根本不愛，只是為結婚而結婚，所以她們也不會患得患失，天天惦記自己老公乖不乖，是否對自己忠貞不二；另外還有一部分幸福的女人，她們的老公全心全意對待妻子，從不會讓妻子覺得沒有安全感，所以她們也從不用去懷疑。

而小池則屬於自己太愛老公，又因為當了全職主婦、日子過太閒的那種，所以很在意老公在哪裡做什麼，讓她開始變得忐忑。依我看來，**小池老公這種蜻蜓點水的吻恐怕不是浪漫，而是敷衍了**。

既然有了懷疑，接下來就得關注這男人為什麼要敷衍？小池懷著悲壯的心情，推開書房的門，書桌後電腦前的Paul有點手忙腳亂的樣子，小池過去，見他電腦螢幕上一片空白，看樣子是關掉了所有程式，他不是說在工作嗎？看著Paul額頭上隱隱的汗珠，小池心裡一陣陣發緊。看來，他真的對自己有所隱瞞。

Paul很不高興地說：「妳不是從不進書房打擾我的嗎？妳知道我想一個方案被打斷要多久才能再進入狀況嗎？」

小池沒有說話，看了看他電腦螢幕右下角，有閃爍的頭像。Paul不動，桌上的手機來電訊號卻開始閃爍，但是沒有鈴響，沒有振動……他從什麼時候開始，回家後手機就轉成靜音了？

Paul沒有動，小池拿了手機接起來。那頭有一女聲嬌滴滴問：「親愛的，你斷線了嗎？怎麼視訊突然斷了？我還想著你每天的深情吻別呢……」

好吧，真是狗血。外遇事件也不外乎如此這般，但一個男人以工作忙為由冷落自己的伴侶，不吻她，不要她，肯定是不正常的。**一個男人對自己妻子的身體不再有興趣，那他若不是真的忙於工作心力交瘁，就肯定是把激情給了另一個女人**。

見招拆招

柏拉圖式的愛情，並不適用於每一對情侶，夫妻間更是如此。若沒有身體上的交流，沒有深情的親吻，那一定是哪裡出了問題，禮貌性的吻吻額頭，那是敷衍，也是例行公事，抑或是內疚的一種表現，也可能只是為了先穩住正室。

總之，他若跟妳住在同一個屋簷下，回來後還說有工作，那就是不可不懷疑的事了。一個跟妳同床共枕多年的男人，每天給妳的，怎麼可能只有來去的兩個蜻蜓點水之吻呢？

他不吻妳，大抵就是有了別的可吻、想吻的人。抑或是，他甚至覺得吻妳是對不起新歡的表現。所以，他就吝嗇地假裝浪漫，給妳一個蜻蜓點水的吻，可以解釋為浪漫，也可以解釋為敷衍，但正常情況下，妳還是懷疑為後者為好。雖然，那會讓妳覺得很殘酷，但我們與其自欺，不如看清真相後另尋出路。

PART 6

最熟悉的「假面」？

他變得心不在焉、脾氣暴躁？小心，

他若不是已經出軌，就是在即將出軌的路上了。

爲何忽視小抱怨？

疑點

因為妳懂得運用技巧表達抱怨，所以他一直對於妳的這份溫婉感到慶幸。他鄙視別人家的河東獅吼，所以更珍惜妳的通情達理，軟言儂語。但有那麼一天開始，他連妳的小抱怨也忽視了。

線索

他變了，他對妳的溫婉也覺得厭煩、表現冷漠。妳看出他的變化，並猜到他為何如此了嗎？

Q

表姊是個極懂得運用技巧表達自己抱怨的人。要是表姊夫出差回來忘記帶禮物給她，她會拐彎抹角地說：「小妹的男友去北京出差時，給她買回的衣服很漂亮呢！」這樣的話，對表姊夫犯的「錯誤」無疑是一種溫柔的提醒。

這樣的對話經常出現在加班時表姊夫沒去接她，回家時她會假裝問：「剛才我在辦公室朝樓下看，好像見你的車停在下面，你有來接我嗎？」類似的情況很多，例如表姊夫遲到了，她也不會直接說「你又遲到了」，而是會說「還好我沒先點菜，要不然你來時菜都涼了……」

就算特別生氣的時候，表姊也只會說：「我很生氣，很想砸東西！」說完卻並不會砸任何東西，而聽到這種表達的人自然也明白了她的感受，相對會心平氣和地跟她溝通。

這樣的表姊，一直被表姊夫捧在掌心。當他看到別人家的老婆總是河東獅吼，抱怨男人不會賺錢、不早點回家、不該喝多了回來、不該沒去接自己時，表姊夫就會說這輩子娶了表姊真是他的福份。

所以，面對表姊的那些小抱怨，表姊夫一直都很受用。只要一聽她婉轉地表達自己的不滿，就會盡力彌補自己的過錯，或是送花道歉，或是買禮物表心意，又或是主動下廚。總之，表姊一直生活在表姊夫的呵護和重視裡。

但是，最近表姊有點憂心忡忡，言語裡提及表姊夫大，抱怨就有些明顯了。說表姊夫經常心不在為，下班回來得晚，有時打電話還不接，重點是，面對她婉轉的詢問和抱怨時，也不怎麼搭理，不買帳了。看來，是有別人了吧？

試探的方式很簡單，表姊一反平時的溫柔態度，把溫柔的小抱怨變成了扎實明白的硬抱怨，逮住表姊夫某個凌晨才回家的時候，她發怒，摔東西，明明白白質問丈夫。顯然，表姊以前從沒有表現過的兇樣，激發了表姊夫想繼續隱瞞的最後那點耐心，於是坦白他的確跟公司下屬有染。

這樣的男人其實沒有太多心機，否則，他也不會在有了新歡後，對舊人的態度轉變得那麼快，況且還是結髮妻子，是正室，**而小抱怨本來就是一種讓男人心軟內疚，並且受用的小撒嬌方式**。小抱怨也是一種相對於「硬批評」來說，更高明有效的抱怨手段，人們透過巧妙地表達方式，把吵架轉化為彼此親密的溝通。它可以化解人際關係交往中不必要的「恩怨」，把尖酸刻薄的話變成柔軟的提醒，效果好了許多，也更容易讓男人接受。

見招拆招

當一個男人連妳優雅、禮貌、溫柔的小抱怨也開始忽略，那就不得不懷疑他的心思已經不在妳身上了，若不是事業關鍵時期，不是家裡瑣碎種種事情纏身時期，那麼就只有一個可能，他的心思在另一個女人身上了。

有可能這樣的時候，他在對方那裡遇到的「硬批評」較之妳的「小抱怨」多了許多。但是他卻寧願忽視後者，去呵護前者，想來真是特別悲哀委屈。

遇上這樣的陳世美，我們的小抱怨也就用不著了。溫柔的對待一個人，是因為我們愛他，也可能是因為他值得我們去愛。但一個變了心的人，已經不值得我們卑微的、婉轉的、溫柔的再對他花心思修飾話語了。

如果他態度十分惡劣，根本不怕明裡暗裡傷害妳，那我們可以也變身潑婦，將他趕出家門。若他還念及舊情，有點良心，且跟新歡真的有愛，那就最後一次對他小抱怨吧，記得優雅地跟他告別，讓他在那些硬批評的新歡那裡嘗到苦頭後，才念念不忘曾經有一個那麼溫婉待他的女人，他卻沒有珍惜。

為什麼先動怒的總是他？

疑點

他原本是儒雅溫厚的男子，卻突然變得脾氣急躁起來。他開始嫌妳嘮叨，開始覺得賺錢太辛苦，養家太累。他也開始逃避和應付妳的關心，他將這一切歸咎於工作煩重，生存壓力太大。讓妳總是不解猜測：男人也有更年期嗎？

線索

這樣的男人，他真的是因為工作太煩心嗎？像顆不定時炸彈，令人膽顫心驚又摸不著頭緒的男人，到底怎麼了？

Q 欣欣說最近他老公Darnell脾氣變得很急躁，像吃了炸彈一樣，一不小心就會惹他生氣。

比如晚上回來晚了，欣欣才問了一句「怎麼這麼晚？」，對方就把公事包重重扔到沙發上說：「一天累死累活賺錢養家，還嫌我回來的晚！我要回來的早，就不用賺錢了？」

欣欣一時氣結，沒再說什麼。

隔天夜裡，Darnell打電話回家告訴欣欣自己要臨時出差兩天，當晚就走。欣欣覺得有點突然，就說：「要不要給你送換洗衣服過去？」Darnell煩躁地說：「都說只去兩天，要什麼衣服！」

兩天後回來，欣欣問Darnell去哪裡出差，怎麼這麼突然。Darnell又發怒了，說：「我又不是妳孩子或下屬，為什麼得每件事都要跟妳一一報備？」

欣欣覺得倍受委屈，以前Darnell不是這樣的。我猜道：「難道男人也有更年期？還是妳老公工作壓力太大？」

這話明顯是安慰欣欣的，他的生活並不窘迫，Darnell似乎也用不著那麼拚命或是有多大的壓力。那麼，**他之所以經常動怒，也許就是另有原因了**。欣欣往最壞處想，無非是Darnell嫌棄她了。

回家後，欣欣開始注重修飾打扮，又報名瑜珈班、游泳班，讓自己過得充實，盡量不去煩Darnell，但是日漸的生疏，跟Darnell相處的時間也越來越少，因為每次一多說多問，Darnell就不耐煩，或是生氣，以至於他經常晚歸、出差、加班不回家，欣欣也變得謹小慎微，不敢過問丈夫的行蹤，彷彿家裡有顆不定時炸彈。

與其被Darnell這樣的精神暴力壓制，我覺得欣欣倒不如主動出擊，去看看Darnell到底在外面幹了什麼？欣欣也不願事情這樣不明不白，活得太累了，於是某次在Darnell說加班不回家的時間跑去公司找他，一次沒人，兩次也沒人，自然就是疑點了。直到某天欣欣在公司樓下對面的咖啡廳坐等Darnell下班，見他上了陌生女人的車，攔了車一路跟去，發現兩人進了郊區的小別墅。

欣欣沒有再追上去，只是回家簽下一紙離婚協議，自己先行離開。她是優雅的女子，即使痛徹心扉，也不會歇斯底里不顧尊嚴，而關於Darnell出軌的真相，她也覺得沒必要瞭解得更清楚，他是要一時刺激，還是有求於別人、依附有錢女人的權貴，抑或是真的愛上了別人，無論哪一種，對於欣欣來說，都不可原諒。

欣欣這種聰慧的女人，會在生活裡的蛛絲馬跡中感受到對方的變化有問題。**一個男人突然對妳發火，要麼是妳真的做得不對，要麼是他看妳已經厭倦**。要麼，就是他內疚於妳，而兩個人爭執吵架時，先動怒的那個人，一定是更心虛、更無理的。他們為了掩飾自己內心的無力感和慚愧，會先發制人，搶先一步用怒火壓制住即將被挖出來的真相。

這種男人，也屬沒有多少城府的那種。他們一旦出軌變心有錯，自己也會變得不安煩躁起來。一方面無法抵抗外面的誘惑、新鮮刺激和激情，一方面又不知如何應對原配或正室。說到底，他們不知如何擔當，沒有責任感，才會像小孩子做錯時先自己哭起來一樣，這也類似苦肉計。女人有時心軟或是膽怯，看男人發火、抱怨、訴苦，發洩不滿，就真以為他們是太累，為了家庭付出太多，於是女人便小心沉默，呵護他們那些裝出來的疲倦。

但無論是不是在感情裡，無論是男人還是女人，那些鎮定自若心裡沒鬼的人，自然會泰然淡定。反倒是那些心裡不安、藏著秘密的人，才會煩躁不定，先行一步動怒發火。所以，如果他總在發火挑剔，妳就要當心他是不是做了什麼虧心事。當然，若妳的男人是個滑頭又有心機的傢伙，也許仍會藏得滴水不漏，回家後依然將妳哄得團團轉。

他真的在為工作煩心嗎？

疑點

他變得很忙，回家還要在書房繼續加班。不光是忙，還一副很疲倦、心不在焉的樣子。他的情緒不穩定，焦慮越發深重，看起來心煩意亂。妳一追問，他便用工作忙碌等理由來應付妳。他的工作有那麼難做嗎？有那麼繁重嗎？

線索

再想想看，也許另有隱情？或許，他若不是已經出軌，就是在即將出軌的路上了。

Q

最近去Selena家串門子，很少見到她老公Ron的身影。不是說在加班，就是說在書房忙。偶爾出來跟大家打個照面，也是無精打采、失魂落魄的樣子。

Ron說最近公司事情很多，前段時間積壓下來未處理的、現在遇上的、還有將要面對的，一時全擠到一起，讓他處理得頭暈腦脹。

因為是工作，Selena也幫不上忙，她只好小心維護Ron在家裡的情緒，儘量不打擾他待在書房忙到深夜，也不過問他加班的內容和時間。

只是她發現，Ron在家的時候，笑容變少了。跟她吃飯時也沉默不語，看電視也似乎只是盯著螢幕某個地方，根本沒有在看。他神情恍惚，Selena叫他，他常常過一會兒才反應過來。Selena也常見他皺眉頭，抽更多的菸，甚至眼神也變得憂鬱沉重，但是他的手機從不離身，響一聲就馬上接起來，還走到陽臺或門外去接。回屋後看到Selena詫異的眼光時便解釋說，主管要求大家二十四小時保持手機電話通暢，方便及時溝通工作上正要解決的事情。

有時候，Ron也會在接完電話後拿起衣服就出門，說臨時有方案要討論，去一趟公司很快回來。Selena雖然有點不解，但聽到他電話裡說的內容，好像的確跟工作有關。

可Selena還是隱隱覺得Ron這次的情況有點嚴重，問我：「他真的是在為工作煩心嗎？」

我想想也覺得奇怪，Ron的工作做了許多年，再煩心也不至於弄得整個人變了樣。**這樣的表**

現，倒像是在為感情上的事煩心才對。

猜到這個，Selena明顯變了臉色。

因為有了懷疑，再發現真相其實也不難了，於是趁Ron洗澡，Selena查了他的手機，手機裡連絡最多的是個叫小王的人，Selena想了想，Ron有時接電話會叫小王，然後兩人在電話裡商量一些工作上的事。

但Selena從沒想過小王是男是女，認為同事說工作上的事也是正常的，也因為如此無條件地信任，所以從不往壞處想。只是這一次，Ron的表現太異常了。

Selena悄悄存下小王的號碼，隔天以公用電話打了過去。果然是個聲音美妙的年輕女子，Selena放下電話，心裡浮過一陣陣憂傷，雖不確定，但同事間聯絡這麼頻繁，不得不讓人覺得不安起來。

Selena再悄悄去了Ron公司，打聽到小王是誰後，遠遠看了一眼，果然是放在人群中數一數二的美麗女子。看來，Ron那些心煩焦燥，不是因為工作，而是因為一起工作的人吧！

隔天，Selena進了書房，查了Ron的電腦，還找了表弟幫忙破解密碼，在Ron電子郵箱裡，Selena看到多篇Ron發給那位小王的郵件，每一封都深情款款，掏心掏肺地向對方告白，只是對方回覆的內容都是婉轉拒絕。

Selena不知是該慶幸，還是該難過。總之，自己老公因為別的女人魂不守舍、心煩意亂，這件事的確讓人很受挫。但是人都會有迷失的時候，所以Selena努力壓制住自己想馬上拆穿Ron的想法，只是告訴他自己要去找工作。

一個月後，Selena不再以一個家庭主婦的形象出現在Ron身邊，而是每天光鮮亮麗，似乎有做不完的工作、接不完的電話，其實大多時候，都是要我們這些朋友打給她，由她在那邊自說自話，假裝是某些男同事打給她的。

Ron的注意力果然收了回來，開始感到緊張，態度也明顯改變了許多，會主動在Selena下班時去接她，並且探頭看她們公司裡有哪些具威脅性的男同事，是不是也在追Selena。

Selena的目的達到了，好在及時發現敵情，而Ron也只是一時對Selena倦怠罷了。

說到底，女人還是要獨立自主生活才好。就算成為家庭主婦，也得有自己的事情去做，每天為一個男人做飯洗衣、圍著他轉，遲早會讓男人感到厭煩的。

見招拆招

人都是視覺動物，換個處境和位置，男人若天天穿著圍裙在家打掃，而妳在外面見到的男同事、異性朋友則西裝革履，舉手投足都因為專注工作而展現魅力時，妳也會拿來做對比，甚至動了心。

雖然那不是愛情，也足以讓人心煩意亂。所以，當一個平時穩定安靜的男人突然變得心煩意亂時，別信他所說是因為工作的事煩心，他若不是單相思，就是已經墜入不能示人的情網不能自拔。前者還有挽救機會，若已到後者的情形，怕就只能說再見了。

陌生香味從哪兒來？

疑點

他從不用香水，他用的沐浴用品香味妳一定熟悉，甚至他身上的體味妳也一清二楚。那麼，有天他身上有了陌生香水味，除此之外沒有任何其他的可疑之處。這該如何是好呢？一個男人要沾上另一個陌生女人身上的香水味，那麼鐵定是有過身體接觸了。

線索

可是，眼前這個跟平時沒兩樣的男人，真的已經變心，改抱新人了嗎？

Q 楚楚說，老公Saxon最近身上有特別的香味，似乎是另一個女人慣用的……

我表示疑惑：「難道平時Saxon身上沒有其他的味道嗎？他新買的香水或古龍水？」

楚楚瞪我幾眼說：「我們都在一起多久了，結婚也一年多了，我還聞不出他身上的味道嗎？再說，如果是他身上的味道，我又何必說他最近才有香味？」

楚楚說，那是家裡沒有的香味，不是家裡的香皂味，也不是家裡的香水味。

我猜測那是他自己用了別的香水，可能是辦公室的薰香，或是辦公室有人放花香，也可能是Saxon發現自己變老了，買了滋潤皮膚的保養品來用。

楚楚嘆息：「妳只是在安慰我吧？**他身上的陌生香味，我確定是香水味沒錯，女人對香水很敏感的。**他怎麼可能自己買香水放在別處用，鐵定是有別的女人了。」

說著，她就一臉苦相了。

我也跟著想像了一番。若身上都有別的陌生香味了，那一定是有過身體接觸，至少有了擁抱，而且不止一次的擁抱，才能將一個人身上的香水味沾染到另一個人身上。

這麼一來，事情好像有點嚴重了，楚楚一回家，就將Saxon的西裝、套裝裡裡外外檢查一遍，看看有沒有什麼蛛絲馬跡，她甚至拿起Saxon的衣服一件件聞，確定是哪一款香水，然後再去Saxon的公司，帶了親手做的點心分給Saxon的同事，目的是去調查誰身上的香水味跟Saxon身上的那款相同。

結果，發現Saxon辦公室助理身上隱隱傳來類似的香味，雖然要淡了很多，但是楚楚確定就是同一款。這個發現讓楚楚頗為難受，但她凡事習慣隱忍，不可能在此大哭大叫、大吵大鬧，於是先行回家自己抑鬱了一番。

她打算等到Saxon回來，再細細觀察他有什麼不同，還故意在言語間不經意地提到他的助理，可是Saxon似乎一臉坦然，沒什麼特別不安的表情。

而且除了衣服上的香水味，Saxon其實也跟以前沒什麼不同，既沒有冷落楚楚，也沒有過多的電話要接，或是有什麼要刻意掩飾的東西。可是楚楚的心很不安，反倒覺得這樣的Saxon很可怕，難道他的城府真有那麼深，跟下屬偷情也能如此不動聲色？

我對楚楚說：「也不對啊，他若有城府，就會留意身上的香水味，怎麼可能讓妳發現呢？」

楚楚想想也是，這樣不是百密一疏嗎？

為了完全搞清真相，楚楚再次藉口去Saxon公司。這次Saxon不在，楚楚鑽進他的辦公室。發現裡面有油漆的味道，一些文件櫃似乎也換了新色，再左右看看，楚楚便發現Saxon的辦公桌上放著一瓶香水，正是他衣服上留下的那款。

兩人居然明目張膽用同款香水？是玩浪漫，還是想掩人耳目呢？

太過分了！楚楚有點沉不住氣。直接叫來Saxon助理，假裝有事要問她。接著裝作才發現那瓶香水的樣子，拿起來說：「這個好像不是我買給他的呢？這傢伙在公司也用香水了？」

助理急忙說：「對呀，那瓶香水是我給經理的，因為前段時間辦公室的檔案櫃有些油漆剝落了，找了人來粉刷。屋裡有些味道，經理說味道不好聞，我使將自己用了一半的香水給他，讓他灑一些在空氣裡……」

原來如此，虛驚一場。楚楚急忙回家，深感自己太閒了。不過心裡一塊大石頭落了地，萬般慶幸自己沒有在發現Saxon身上的香水味後，就開始沉不住氣地追問。

夫妻間的信任是必要的，但悄悄懷疑也是必要的。妳若發現可疑之處，先不要跳出來尖叫追問廝殺，靜觀其變，再主動出擊、調查走訪，能在他不知情的情況下瞭解到真相更好。如此一來，若事件走向真是讓人傷心的結果，妳也可以一擊擊中讓他沒有再騙妳的餘力。若事件真相另有故事和緣由，無關出軌變心，妳自然也可以當做什麼都沒發生過。

見招拆招

經常會有細心女人從男人身上發現陌生香水味，從而提著衣服去當場質問。情形通常也跟在外偷腥有關，但不排除另有原由。所以，為了保證結果萬無一失，不會誤傷了你們的信任和情感，還是穩住為先。當然，妳若發現他衣服上沾有口紅，也可能只是被人蹭上去的。懷疑可以，偵探可以，都需要妳先深吸一口氣，穩定情緒後從側面去瞭解真相。

情場不如戰場，戰場上的正面出擊，可能會因氣勢壓倒對方而獲勝，而情場上就得迂迴曲折，婉轉含蓄，隱忍淡定一些。否則，妳的正面出擊要麼因為不信任而讓對方失望，要麼對方因為一點小誤會而大爆發，落得兩敗俱傷。

手機為何關靜音？

疑點

他最近回家後，手機從來不響。妳也不會看到他的手機出現在桌子、櫃子之類明顯的地方。若不是在包裡，就是在口袋裡，連洗澡都帶著進浴室。

線索

他的手機消失了？他沒有任何需要跟人聯繫的時候？還是他刻意藏起來？到底他藏了什麼祕密？藏了什麼不可告人的東西呢？

Q

玉兒像突然想起來似的說：「我家志達最近回家好像都沒有電話啊！連簡訊都沒一封，以前不時會有朋友打電話找他，或是他也會主動聯絡朋友才對呀！」

這天大家聚一起聊到男人出軌變心的話題，總結前兆都有哪些，無非是開始變忙、加班、出差、趕專案等等各種藉口，不想陪妳、不想理妳之類的。

不知誰插了句說：「還應該時時關注他的手機動靜，接電話的表情、語氣、次數之類的。」

而對於玉兒的情況，大家都以安慰她為主。

有人說：「真乖，回家就以老婆為重，沒電話反而是坦然的表現。」

也有人說：「不對，他也許是關機了。」

還有人說：「說不定是關靜音了吧？妳有看見他手機放在顯眼的地方嗎？」

玉兒想想說：「好像都不見他把手機放在桌上，因為根本沒見他接電話、打電話，也就沒在意這個問題……」

既然提到，玉兒不免有些緊張了。這麼說，志達是刻意藏著手機了？沒有電話倒成了更危險的狀態，也許他上廁所的次數變多，不是因為身體有問題，也不是生理需要，可能只是進去悄悄回個簡訊呢！

回家後，玉兒便開始留意志達的行動。志達下班回來，放下公事包，換了鞋子、脫了外衣，坐下來跟玉兒吃飯。飯後玉兒收拾打掃，假裝將公事包碰掉在地上，撿時翻看一下，裡面果然沒有手機，但錢包還在，看來只有手機不離身了。

她假意坐下來跟志達一起看電視，仍不見他把手機拿出來放在茶几上。以前都是這樣的才對，一進屋手機要不扔包裡，要不扔桌上。就算沒什麼電話，也會習慣拿出來。中途志達一直在喝水，還嘀咕口好渴，然後三不五時去上廁所。玉兒更覺得有鬼，但也不好定論什麼，只好繼續觀察他的行動。

睡前洗澡，玉兒發現志達穿著衣服、拿著睡衣進浴室。以前，他都是直接脫掉外衣外褲進去洗澡的。太明顯了，玉兒覺得自己就要按捺不住了。忍到關燈睡覺，志達仍然是把衣服褲子拿到自己睡的那一側，放在椅子上，然後關燈睡下。

玉兒一夜無眠，這個男人平時溫和善良，他不多話。結婚快一年了，玉兒也有身孕了。他從沒有哪裡待她不周，如今難道也要變心出軌了？還是因為她懷孕引發他身體寂寞在外偷腥？不過，就算偷腥也不用這麼緊張地護著手機啊！

第二天，志達看著鬱鬱寡歡、一臉憔悴的玉兒，關切地問她怎麼了。玉兒差點就想說出自己的猜想，但還是忍住沒有說。

夜裡，玉兒假裝要給老媽發簡訊。結果試了一下說：「手機怎麼突然壞了，你的拿來用一下！」

志達果然神情有變，但在玉兒伸著的手前，只好猶豫地掏出手機。自己先是按亮螢幕看了一眼，正要再動，玉兒一把搶了過來。

顯示未讀簡訊，果然是靜音了。未讀簡訊來源沒有名字，內容是：我真的很喜歡你，我不需要你負任何責任……

玉兒頭轟的一下，志達急忙搶過手機解釋：「我就是怕妳看到，所以才轉靜音。妳千萬不要誤會，只是公司剛來的小女生，天天發簡訊告白，我告訴她我結婚了、快做爸爸之類的，一再解釋也沒用，只好任由她發這些簡訊來，怕妳看了受刺激，所以藏著，想說她哪天發累了就不會再發了。」

對於這樣的說辭，玉兒是信還是不信呢？暫且是信了，因為那樣會好受一點。志達表示，因為對方有業務往來，又不能直接封鎖，只好這樣對付著。

後來，玉兒親自打了電話給那女人，證實了志達說的是真的。費了一番功夫才讓對方知難而退，玉兒覺得十分累。**雖說男人善良是好事，但在感情上總怕傷害別人而左右周旋，卻是一件讓人鬱悶的事。**

見招拆招

男人還是要選那種只對一個女人掏心肺，而對其他女人狼心狗肺的才行。雖然有點像神話，但做為男人的正室，女人自然希望是這樣的。自己的男人怕傷害自己才是正事，為了怕傷害別人，遲早會傷害到自己身邊的那一個。

玉兒愛上了一個這樣溫和的男人，能做的，就只好自己多留心，然後早點發現端倪，再幫他處理掉。否則，這樣的男人要是太過放任，遲早會被另一方打動或是糾纏到無能為力而順從吧！然後，他會在兩個或幾個女人之間一邊自責，一邊覺得無可奈何，一邊覺得肩負「重任」。

重修邊幅怎敢忽視？

疑點

他在結婚後開始懂得節儉持家，跟妳一起為了房子、孩子、家人而省吃儉用。不再像婚前那樣衣裝名牌，每月開銷龐大成月光一族。但後來，他突然又光鮮起來，注重外表門面，再度開始重修邊幅，穿了西裝，一派高貴氣派。當然，他的藉口是有新的事業要做，要見的對象、要去的場合不同了，必須穿得稱頭一點。

線索

但他陪妳的時間也少了，花的錢卻越來越多了，可他的新事業呢？真的存在嗎？

梅莎最近帶老公許榮一起參加聚會時，我們都發現許榮變得不一樣了。

這兩人結婚兩年，孩子還小，平時是爺爺奶奶幫忙帶。兩人各自上班，為了房貸，生活刻意節約，為此，許榮婚前那種賺多少花多少的習性，婚後自然收斂許多。許榮婚前本是個特別注重打扮修飾的男人，梅莎當初也有一部分是因為被許榮的外表吸引。

婚後，許榮倒也懂事，不再隨便花錢買名牌衣裝。人也變得隨意起來，穿的衣褲大多由梅莎打理，有了家庭，穿著的檔次便降了兩、三個級別。

如今，我們發現許榮再度容光煥發，衣著名貴起來。我們以為他高升了，也都沒刻意去提這件事。多見了幾次後，覺得許榮好像又回到了婚前的狀態，越發還多了些男人味，彷彿更加自信了許多。

忍不住問梅莎：「妳老公發達了？怎麼像換了個人似的？」

梅莎卻輕描淡寫地說，他最近有望自己出來發展，說是他老闆想開分公司，有心讓許榮融資入股，到時分公司就由他去負責。所以經常帶他一起參加各種會議啊、聚會啊、交流什麼的。有人賞識，去的場合高檔，就得重修一下邊幅。

至於這筆開支，梅莎說是從自己的美容、護膚、健身費裡扣下來的。

這未免太無私了。梅莎可是特別注重保養自己的女人，居然捨得犧牲自己美容美體的預算來支持許榮。

可是隔了三五月，再次問梅莎，許榮升職或分公司的事如何了？梅莎終於憂心忡忡、有點洩氣地說，好像還沒有通過。倒是他的開支越來越多，什麼籠絡人心要請人吃飯喝酒，請老闆唱歌、按摩、去高級餐廳吃飯種種。以致這幾月，梅莎的薪水悉數拿來還房貸和支付日常開銷，而許榮則幾月沒有拿錢回家了。

但他的人倒是有模有樣的，像個成功人士，應酬多了，行頭多了，但實質收穫還沒看到。

其實梅莎自己也開始懷疑了，只是不好直接質疑許榮。好像那樣會顯得自己目光短淺，想獲得成功總是需要時間，而沒有時間陪她去陪別人交際應酬，也是做事業的人必然會有的過程。

陷入這種不進不退的情況裡，梅莎顯得有苦說不出。終究，她還是開始行動了，私下悄悄去瞭解許榮的工作和生意情況。

最直接、最簡單的切入口，就是聯繫許榮的老闆，許榮大概也沒想過梅莎會去調查他。因為梅莎在許榮眼裡可是個自信得堪稱自負的女人，從不干涉他的工作生活。非常獨立，也非常知性。

但是，只要是女人，都會懷疑男人。所以，梅莎耍個花招「偶遇」許榮的老闆，「順便」請老闆一起吃頓飯、聊個天，旁敲側擊所謂分公司或職位是否空缺的事。結果，全是子無虛有！

倒是結束時，老闆有意無意提醒了一句梅莎：「妳家許榮最近很活躍呢！像是有什麼好事情正在發生一樣哦！妳家有什麼喜事吧！」

梅莎尷尬笑笑，回家後，跟許榮來了個當堂對質。

結果，人家倒是承認得很痛快。一方面知道梅莎的性格是既然懷疑了，就是已有決定了，一方面也知道自己不能再隱瞞下去。原來許榮不過是遇到國中舊情人，在人家面前誇口自己是某公司老闆。舊情人貼上來一誘惑，兩人的苟且之事便順理成章。男人為了滿足自己的虛榮心和對方的崇拜，不斷掏空自己的口袋去跟小情人花天酒地。

看來，男人跟女人一樣，為悅己者容。而且，他們也常會覺得自己找到老婆後，就不用再刻意修飾自己，反正有人愛、有人疼、有人要了。當然，這是在他們眼裡只有自己枕邊人的時候。若有了另一個目標出現，自然也有了孔雀想開屏的心理。

而一個在家裡不太得志的男人，某天遇到曾經仰慕自己的女人時，更是想要以不一樣的形象出現在她面前。哪怕借錢，也得活在她那仰頭看他的眼神裡。這種時候，他們並不在意那是不是真愛。

見招拆招

這樣的男人倒更像是一個當了很久臨時演員的傢伙，突然在另一個地方有人將他錯認為明星。於是，他就順勢搭台演一齣似真似幻的豪情大戲。劇中，他就是那個可以呼風喚雨、一表人才、十全十美的男主角。當然，劇終時，一般都以慘澹收場。

他為什麼開始看A片？

疑點

他不再跟妳親熱，不再跟妳有身體接觸。妳懷疑時，他說太累。他甚至總是在沙發上睡著，待妳睡熟了才回房。他是身體出了問題嗎？還是外面有了女人呢？

線索

遇上這樣的男人，當妳有天發現，他居然寧願在深夜偷偷獨自看A片後，卻不肯跟妳再有身體上的接觸，那麼，一定是哪裡出了問題吧？

Q 蘇芬跟我聊起她家的私密話題，是為她老公于偉最近都不碰她。房事從以前的一週兩次變成一個月兩、三次，現在竟然一個月都沒一次了。

于偉下班回家總說好累，梳洗完就躺在沙發上看球賽、電影，蘇芬叫他去床上睡也常常叫不動。

看著他躺著不一會兒就開始打鼾，蘇芬也只好拿毯子給他蓋上，自己回到大床上輾轉反側。有時自己一覺醒來，發現于偉也沒回房來。有時天亮醒來，于偉則在身邊背對她睡著。

蘇芬委屈地對我說：「他不至於現在就對我失去興趣了吧？」

我看看蘇芬的身材，雖然已經生過孩子，但保持得還算好啊，難道于偉身體出了問題？

一切沒有定論，現在也只能安慰她回去留意或是跟于偉坦誠心扉溝通一下，**夫妻之間身體的交流和語言的交流一樣重要**。否則，對於男人這種經不起美色誘惑的物種，出軌只是早晚的事。

蘇芬回家後，開始在夜裡保持警醒。某夜于偉照例在沙發上睡著，蘇芬回房。假裝關燈睡下，其實睜著眼沒有睡，豎起耳朵聽于偉的動靜，果然，聽到于偉起身的聲音。腳步聲輕微，但不是回臥室，而是去了隔壁書房。

蘇芬悄悄起身，披衣去到書房外。房門緊閉，輕輕扭開門把，發現上了鎖。蘇芬找來備用鑰匙，打開門鎖。于偉坐在窗邊電腦前面，戴著耳機。他居然在看A片，完全沒有發現蘇芬進來。

蘇芬一時不知所措，又悄悄掩上門退出來。

她跟我提及此事，看來這男人身體並沒有問題。這麼說，就是心理上有問題了。

男人對自己老婆的身體失去興趣，一般有幾種情況：外面有了別的女人，體力已經負擔飽和，回家再無精力應對妻子。另一種，是男人自身出了問題，不光對老婆或是別的女人都無能為力。不過于偉顯然不是這種情況。也似乎不是第一種情況，因為他若精力飽和了，也不會大半夜自己悄悄看A片解決生理需求。

那麼，于偉可能存在另一種問題，也就是已出軌，但這出軌可能只是精神上的，並且因為對那個新對象一心一意，於是有意冷落自己的妻子，也刻意不碰她的身體。這類男人，以為自己對感情負責，所以在身體上也要順從自己的心，不肯抱著自己老婆想的卻是情人。

很難說這種行為是好是壞，但就像那句話說的，「任何不以結婚為目的談戀愛都是耍流氓一樣」，任何不以老婆為中心、不以家庭為中心而出軌的男人，都不是好男人。那麼于偉這情形，八九不離十是有了外遇，只是可能彼此還見不著面，抑或要隔很久才見得到面。男人有心為那女人守身，所以不碰自己的妻子。

面對這樣的分析，蘇芬聽得咬牙切齒，但還是提醒自己要冷靜。這是沒把柄的事，說穿了，只是臆測而已。是夜回去，蘇芬假裝手機SIM卡有問題，要放在于偉手機裡試試，然後將于偉的SIM卡調包。第二天趁他沒發現前，拿去申請前幾月的通話紀錄，再找出那個聯繫最頻繁的號碼撥了過去。女人接起來便叫「親愛的」，接著說這週末就會回來，老地方見。

姦情原來早已發生，只是因為那女人不在此地。那是于偉初戀情人，久別後不期而遇，電光火石。于偉想必也是動了真心，所以排斥身體上再碰妻子，雖然沒提出離婚，但可能也只是因為孩子的關係，或是顧慮家人之類的現實問題。

而兩人不能見面的日子裡，于偉則是用看A片來排解對那女人的思念。

這男人說起來還真是重情重義，只是，這情義用錯了地方，放任自己舊情復萌的男人，都是自私的。錯過的人再相遇，若還單身，自然順理成章在一起。只是已娶了別人，再回頭跟舊情人情深意重，那就不是深情，而是噁心了。

做正室的，失去這樣的男人並不值得難過可惜。只是，早一點看清他的真面目反而是好事，否則那種被隱瞞、被欺騙、被擱置的屈辱感，會在姦情發生越長久後越發沉重。

見招拆招

夫妻生活在一起，一方出現問題，一定有蛛絲馬跡可循。只要他的表現跟平時和以前不一樣，那麼，就一定是有事在發生或已經發生了。

敏感有時不是女人的錯，倒是讓自己能警醒一些，有勇氣面對真相拆穿後的結果，處理更為明智。這就是長痛不如短痛，快刀斬亂麻，才有機會重新開始新的生活。

菜真的太鹹嗎？

疑點

好好先生的他，對妳的廚藝從沒異議，跟妳相親相愛，總是喜歡和妳一起吃飯，怎麼突然開始嫌妳做的菜太鹹了？怎麼開始不想在家吃飯了？他真的只是關心妳，想讓妳少做點家務事嗎？或是妳真的退步了，不會做菜了嗎？

線索

當妳發現，妳連這個男人的胃都留不住後，妳要怎麼樣去看清真相或是接受事實呢？

Q 英子最近來我家玩，有時會鑽進廚房幫我炒菜，然後在吃的時候一本正經問我：「鹹不鹹？」

這個話題問得我莫名其妙，她若問好不好吃也罷了，但她已經當了兩年主婦，突然問別人自己做得菜鹹不鹹，肯定有什麼問題。

一追問，才知道是她老公Scott最近總說她的菜太鹹，吃幾口便不吃了。英子要幫他重做，他說算了，不想讓英子太累。有時還說：「乾脆妳不要等我吃飯，我自己外面隨便吃點就好了。」

英子已有兩個月身孕，每天願意待在家給Scott做飯已經很難得了，這傢伙卻說太鹹。但英子閒來無事，因為前幾個月養胎很重要，所以止在休假中，覺得給自己的男人做飯也是一件滿享受的事。**看他吃下自己親手做的飯菜，是每個愛老公的女人都覺得欣慰的事。**

我抱不平。英子卻說：「也不盡然。他沒有生氣，只是說太鹹，就不吃了。我正在想是不是我最近不會做菜了，所以來妳這驗證一下。」

我說：「這個可不好驗，有可能我吃的味口重，不會嫌鹹。要不就是妳家老公最近口味清淡了，所以嫌菜變鹹了。」

英子隔幾天又給我電話，說Scott真的都不在家吃飯了。要她自己吃，有時會給她打包飯菜回來。家裡突然一下變得不怎麼開伙了，每天男人上班，晚上在外頭吃過才回來。回來又洗澡收拾就上床休息，偶爾會看看工作資料，或是看一下球賽。

反正就是沒時間陪英子，以前英子特別享受的那種面對面坐下來一起吃飯的感覺，也消失了。

我說：「妳也真是的，這樣妳能減輕負擔也是好事。幹麼糾結呢？樂得清閒。」

可是這女人好像比我還多些心眼，直接懷疑她老公是不是有了外遇，然後每天在外面陪人吃了飯才回來，所以藉口吃不下了。

我心想這根本是小說電視裡的情節，可英子執意這樣認為，非要我想辦法驗證一下。

兩個女人一商量，最直接的辦法就是每天在Scott公司外蹲點，看他下班後去哪裡？還是直接回家？這個，只好由我陪著英子去了。兩人在Scott平時下班時間之前就抵達他公司門外，遠遠坐在車裡看Scott出來，開車上路後，我們再跟上去。

男人果然沒有直接回家，而是到了某社區。剛下車，社區門口已經迎來一年輕女子，挽著男人的手進去了。英子咬住嘴唇，差點沒哭出來。摸摸自己的肚子，什麼話也沒說，也不要我馬上離開，也不要上前察看。

大約一小時左右，Scott才出來。英子下車，走到Scott車邊站定。男人慌了，一時也不知說什麼好。

隔沒多久，英子搬出來了。兩人沒有離婚，因為男人不肯離。英子覺得他只是為了孩子，所以決定先分居，至於以後的事，就不太好說了。**原諒也許不難，但信任很難了。**

後來英子成了單親媽媽，終究還是跟Scott辦了離婚手續，只是男人好像真的只是一時糊塗，懸崖勒馬收了心，一直在英子不遠不近的地方守候。至於要不要再復合，那得日久見人心了。

唯一可以確定的是，早一天發現自己身邊的人變心，自己便早一點有心理和生活的準備。不至於在他深陷另一份情而無力自拔時，自己才後知後覺，手忙腳亂。

見招拆招

一個曾經喜歡吃妳親手做的菜，一個曾經願意花時間坐下來陪妳吃飯的男人，有一天突然坐在別的女人餐桌上，也許談笑風生，也許深情款款，畫面美好。但被刺痛的舊人作何感想，不管那個男人的藉口是對方要死要活纏著他，還是對方沒有目的，只是要求每天陪她一起吃飯，都顯得有些牽強。

男人出軌的想法，很難說確切是為了什麼，有的是為虛榮，有的是經不起誘惑，有的是吃著碗裡看著碗外，有的則是覺得新鮮刺激不可錯過。但無論哪一種出軌理由，無論出軌後是否還想回歸正室身邊求得諒解，都不可輕易原諒。

妳真的有新缺點？

疑點

他最近開始挑妳的缺點，不光是舊的，還有新的。妳記得他曾經說過不計較妳所有缺點，但如今，他不但計較還放大舊的，更指出妳一堆新的缺點。其實，妳還真是有新缺點。

線索

這樣的男人，他只是客觀地挑妳的錯嗎？只是因為天長時久，忍耐已磨損殆盡後才如此嗎？

Q

舟舟最近老跟男友吵架，吵完就來我家療傷。問起為什麼吵，舟舟說，他嫌東嫌西——「一會兒說我屋子沒收拾好，一會兒說我小氣，說我懶，說我自私，說我沒記性，反正挑出一堆缺點。」

一聽是這種情況，還真是個問題。舟舟跟我是同學，我們瞭解彼此的成長背景，她這些缺點的確存在，但那是一開始就存在了，何夏認識她兩、三年了，同居也要一年了，不可能現在才發現這些缺點啊！

唯一的可能不是舟舟有了新的缺點，而是何夏故意挑舟舟的毛病，放大她的錯，只看她的錯。換句話說，他眼裡，不想再只看舟舟的好了。再換句話說，這個男人想變心了，或是發現身邊有更好的女人存在，躍躍欲試了。

不過，這是消極的想法，正面的想法是：何夏是不是最近壓力大？心情煩躁？

舟舟搖頭，他們合開的便利商店生意穩定，沒有什麼不同。兩人守著一個不大不小的店面，生活輕鬆無虞。兩人的關係也一直平淡穩定，只是沒聽舟舟說過他們有結婚的打算。

舟舟至今還沒見過何夏的家人。舟舟說過要去拜訪，但何夏一直推託，表示過些日子再說。

如今，生活好像起了波瀾。

我要舟舟細想一下，這情況是什麼時候開始的，她說好像是前陣子何夏回了一趟老家之後，回來就這樣了。看來，那次回家不是普通的探親而已。

不去打探一下這個男人的家庭情況，實在讓人有點不放心。舟舟一決定，就買了車票自己去了，不過因為只知道大概的地名，找來找去費了舟舟不少工夫。找到何夏家裡時，何夏的父母頗為驚訝。舟舟便以何夏朋友的身分自居，說正好有事路過，順道來看看。

何家父母看看空著手的舟舟，目光裡有絲淡然。

接著屋內走出一女子，扶著顫巍巍的老太太到門外小凳上曬太陽。問起來，說是何夏訂了婚的未婚妻。舟舟腦子一陣轟鳴，看來那傢伙這次回家就是來訂親的，怪不得一回去就挑自己的錯。匆匆趕回去興師問罪，何夏垂頭喪氣，任舟舟哭鬧完後說：「我爸媽娶兒媳的標準就是那樣，勤勞孝順，要照顧我身體不好的奶奶，要以家庭為重。可是妳看看妳，連過節什麼給妳自己父母都不寄一分錢，懶得做任何事，天天跟我窩這小店裡，不思長進。我不用帶妳回去，就知道他們不會接受，所以……」

舟舟止住淚說：「所以，你不好明說要趕我走，才挑我缺點逼我自己走是吧？」

何夏不說話，但意圖再明白不過。

不歡而散的結局讓舟舟倍受打擊。不知自己在何夏心裡到底算什麼，想當初他追自己的時候，把自己捧得跟花兒一樣。舟舟提到自己的缺點，何夏還說：「人都有缺點，我喜歡的就是妳這個人，妳怎麼樣都行。」

這是攻於心計的男人會說的話，看上某個長相出眾的女人，覺得有所可圖時，他們便會忽略這女人的其他現實缺點。抑或覺得跟自己在一起後，再慢慢改造她也不遲，但時間一久，這個女人因為覺得這男人愛的是真正的自己，不在意自己的缺點，所以就恃寵而驕，慢慢地，便忘記自己的缺點需要改正了。

這時候，男人的新鮮感已經過去。**愛的荷爾蒙開始減少，到後來，便開始對這個女人扣分。**一邊扣，一邊把她的缺點一條條整理出來，翻出她舊的，並且添上新的。這時候。男人不會說「怎麼樣的妳我都愛了」，他們會說：「妳既然愛我，為什麼不肯為我改變！」

見招拆招

這也不完全怪男人，只能怪女人聽信了他們說的每句情話，最初的情話只能當是甜點，聽聽就算了。聽完自己還得正視真正的自己，畢竟人的確都有缺點，但有些缺點是需要改變的，無論妳跟誰在一起，唯一的辦法就是把自己變得更好，才能配得上任何一個出現並陪伴在妳身邊的男人。

就算某天，他變心離開了，妳還能保有獨立的自己、美好的自信，以及優雅從容的心態。不要等到男人說妳添了新缺點時才開始警醒，時時審視自己，不是為了某個男人改變，而是為了自己而改變。如此，他來，他走，對妳而言都不再是問題。

PART 7

再見——另有真相？

越是說不想再談戀愛的人，越是渴望談戀愛，

就像越是說不相信愛情的人，越容易愛上身邊的任何一個人。

難道也是裝堅強？

疑點

他一直很堅強，從不流淚，從不說悲觀的話。他甚至說過，妳若愛上別人，他也會祝福妳。真的到了那一天，妳覺得現實讓妳愛得很累，所以乾脆地提出了分手。因為妳覺得他是那麼堅強，不會受傷，不會難過。果然，他很淡然地同意分手的決定，很冷靜地離開了妳，甚至讓妳覺得，他根本就不在乎這段情。

線索

事實上呢？他真的如妳所見的那麼堅強嗎？

Q Momo因為那些感情裡無法克服的阻礙，決定跟李泉分手……

分手的主要原因是，李泉父母一直不同意他倆的交往，也一直希望李泉回家鄉去做事，最近催得緊了，李泉也很為難。經過幾番爭執後，Momo也倦了，便跟我們聊起該如何對李泉開口。朋友問：「他那麼愛妳，不怕傷害他嗎？」

Momo若無其事地說：「李泉是個非常堅強的人，經常聽他說絕不會因兒女情長做傻事！」我們自然無言以對，只能無關痛癢地勸她三思而行。事實上，她沒有三思，回去就找李泉提出了分手。李泉有些錯愕，但仍然鎮定地說：「如果妳心意已決，我做什麼、說什麼，有什麼用呢？」

從李泉臉上，Momo看到的是波瀾不驚的淡定從容，隱隱透著一股複雜的深情，於是她不放心地問：「你會沒事的吧？你那麼堅強，肯定沒關係對吧？沒有我，你一樣也會過的很好吧？你也正左右為難、想離開我不是嗎？」

面對一連串的追問，李泉笑著說：「我曾一直堅強到讓妳心疼的……」說完，李泉決絕地轉身甩門走了，一夜沒回來。Momo悵然若失，彷彿說分手的是李泉而不是自己。其實，她心裡希望藉由提出分手而刺激李泉，希望看到他的淚，看到他傷心的表情，看到他悲傷地摟住自己求她不要分手，想看到他因為怕失去自己而不在父母現實選擇裡搖擺不定。

彷彿那樣，才能證明他是真的愛著自己。但從他的反應看來，他是真的不在乎。Momo這樣想著，心裡的冷意一點點泛上來，突然覺得自己冒了個早知結果的險。

不久後，她死了心，義無反顧地接受了另一個對她示愛的男人。

分開後的李泉，從沒有主動聯絡過Momo。直到有天，Momo從他們共同的朋友那裡得知，李泉跟她分手後過得一直很頹廢。他認為自己沒有事業、沒背景，沒有能給Momo幸福生活的條件，所以當她提出分手時，他狠下心順她的意。他以為那樣才能成全Momo的幸福，卻不明白：**愛一個人，與其為了她的幸福而放棄她，不如留住她，為她的幸福而努力。**

而李泉這種在人前的堅強，只是一種在人後不堪一擊的偽裝。

見招拆招

這樣的男人，經常表現出大度和無所謂。有時是自尊心作祟，有時則是以為遇到痛苦就得像個男人一樣扛著。於是，他們總會讓那些愛過他的女人覺得傷害他不成問題。於是有人來了，又有人走了。也有人一而再、再而三的從他生命中路過。需要時來，厭倦時便走。

其實在這些來來回回的傷害裡，他們的心已千瘡百孔，卻總是倔強地昂著頭不肯讓人看到他的淚、他的悲傷。這樣的偽堅強不是什麼好事，愛情裡，偶爾也需示弱，把自己最真實的想法傳達給對方。就算是男兒的淚水，為愛輕彈也不是罪，至少你的真心要讓心愛的人明白。

如果妳愛的男人總是表現得很開明、很無所謂，不要以為他真的就是銅牆鐵壁。也許，他只是偽裝得很好。內心裡的脆弱和傷痛，妳若體會不到、發現不了，往往就會錯過真心愛妳的人。

他們的愛情觀裡，成全和退讓為上。不要試探他們，不要嚇跑他們。外表越是強硬的男人，內心越是脆弱。當然，若他們那麼輕易就放棄妳，原本也是一種不自信的表現。但是妳若愛他，還是花點時間瞭解一下，他們是不是偽裝堅強來成全妳的幸福，好減少妳離開他的罪惡感。

他真的不再戀愛了嗎？

疑點

他要跟妳分手，但理由不是因為不愛妳。他信誓旦旦說只愛妳一個，離開妳之後，再也不會跟別人談戀愛。妳流著淚放手讓他走了，在遙遠的地方想著、念著他，緬懷著你們的愛情，認為是現實打敗了你們的愛情。妳悲傷了很久，有一天卻突然發現，他跟別的女人在一起了。

線索

妳忽然想起，他的確說過不談戀愛了，可是他沒說過不跟別的女人在一起啊……

Q 珠珠最近情緒不佳，因為男友婉轉提出要分手，但理由並不是不愛她了。

珠珠上高中時就認識了現在的男友，男友當時已經出社會工作，不外乎自己創業，初時珠珠不上課就去他店裡幫忙，同甘共苦的日子很幸福。戀情持續到珠珠上大三，男友的事業已做得有些起色，有了自己的工廠，早就不用再跟珠珠共苦，但是同甘的情況好像也不多。

就在一切都步上正軌之時，男友卻說要到異地發展，言談間就帶著做好分手準備的意思，當時珠珠學業不能停，聽聞此意，一時覺得慌亂，想要放棄學業跟隨他去，男友卻說等他做出些成績再說。珠珠又說：「那可以遠距離戀愛，不需要分手啊！」男友又說：「其實，我是怕妳嫌我沒學歷，妳也得繼續上學，不然妳爸媽會怪我。我的事業出了些問題，一不小心可能就垮了。」珠珠著急，追問他遇上什麼難事，甚至想要打電話跟家人借錢幫他渡過難關。

男友支吾了半天，最後說：「妳放心，我這輩子只愛妳一個人，以後也不會談戀愛。**分手只是暫時的，我會來接妳的。**」

珠珠能說的都說了，能做的，男人又不讓她做。獨白一人被留下來，心力交瘁，每天為那個離去的人傷心，課業也無法專心學習。每天還擔心那人過不好、吃不飽，發簡訊沒人回，打電話已成空號。

但想著臨別時那句話，又傻傻待在原地等著他。

半年過去了，男友只偶爾跟珠珠聯繫一下。每次說的都是勸她放下這段情，以後會找到更好的，又說自己做得不好，將來會誤了珠珠的幸福。

他越這麼說，珠珠越是不肯放手。

兩人很久沒見面，珠珠一直為他牽腸掛肚，對校園裡諸多學弟、學長的追求視若無睹。一門心思就想著畢業後要去找男友，不過，那人卻不肯給她地址，說自己現在很落魄，還不想見到她。

我在網路上遇到珠珠，聽她說起這段情，頓時覺得她好單純。**單純的另一個代名詞也就是傻。**傻傻的珠珠認為男友說不會再談戀愛，怕自己配不上珠珠，所以忍痛離開她、冷落她，這些全都是真的，且覺得他情深意切，所以即使獨自守著寂寞孤單，也要等著這男人回來。

殊不知，男人說的話有幾句是真心的？即便當時說得真心，後來也會隨著時間環境改變，而且事實上一句情話也信不得。對於那種說以後不再談戀愛的人，妳可以完全無視。**越是說不想再談戀愛的人，越是渴望談戀愛，就像越是說不相信愛情的人，越容易愛上身邊的任何一個人。**

更何況，明明是男友自己要放棄珠珠的，還說什麼只愛她一人，所以不會再談戀愛的謊話。完全是為了抽身而臨時編派的，又或是早有了別人，為了息事寧人或是保持兩邊平衡，於是以多一個不多，少一個不少的心態擱置妳。若有一天，妳守不住寂寞孤單，自己變心跟了別人，他也就心安理得，到時妳就會發現，他當然還可以再跟別人談戀愛，因為，妳自己不也是愛上別人了嗎？

珠珠雖然單純善良，但面對這樣的合理猜想，還是有些信了。她說自己多少也有些自欺欺人的心態，不願面對現實。後來，珠珠輾轉找到男友以前的朋友，旁敲側擊打聽到真相。原來男友那時事業的確受挫，後來遇到可以幫助他事業的女人，那女人自然別有目的，看上去條件也不差，而珠珠男友那種以事業為重、愛情為輔的心態自然佔了上風。

見招拆招

對珠珠說「不再談戀愛了」，不過是一句臨時的愛情臺詞，只為能快點抽身罷了。不過，他說的也許是真的，可能不談戀愛了，但不表示沒有女人陪伴，那種在一起的狀態可以叫感情，可以叫婚姻，也可以叫互惠互利多個伴。不管是事業上的伴，還是生活上的伴，總之，他已經不需要珠珠的愛情了。為了走得乾脆俐落，沒有後患，便用一句讓女人感動的話脫身離開。至於剩下來的慘澹和傷心，便不是他要負責的了。

當一個人對妳說：「離開妳，我再也不會談戀愛了。」妳可以信，但不可以再等。他既然說只愛妳，就不會丟下妳，不論以什麼理由，但他絕情地丟下妳離開，又無關生死逼迫，只能說這個男人不值得妳再等了。

他的「逼不得已」是真是假？

疑點

他逼不得已要娶別人了，以前他對妳說過的愛，就像夢一場。如今，愛情要散場了，他說自己被迫要娶別人，是為了孝順父母，順從家裡的安排。面對與妳分手的事實，他哭得比妳還傷心。他讓妳心痛，讓妳不忍責怪，讓妳陪著他感嘆世俗無常。

線索

可是，他所謂的逼不得已，妳知道是真是假嗎？知道真相之後，又該如何面對呢？

Q

戀愛中，我們常會遇到「逼不得已」的情況。最近，晶晶也遇到了。男友李波夜夜買醉，醉了就來見晶晶，哭著說被家人逼婚了……

他不得不放棄跟晶晶的這段愛情。看他哭得那麼傷心、那麼頹廢的樣子，彷彿是晶晶提出分手似的。

晶晶在工廠當作業員，而李波是公務員，父母在澳門做生意，由李波在家照料年邁的爺爺奶奶。

李波每天下班就跟幾個同事兄弟一起吃喝玩樂。薪水花完了，父母就會存進來，所以剛認識晶晶時，免不了鮮花禮物、甜言蜜語狂轟亂炸，不久就贏得了晶晶的芳心。晶晶是聰明質樸的女孩，之所以會接受李波，也是因為他的確溫柔體貼，俠骨柔情，把隻身在外地沒有親人、沒有朋友的晶晶照顧得無微不至，彷彿是一則美麗的愛情故事。

於是一傾心，就沒去考慮將來的事，時間越久，愛得越深，越難以抽身。但李波從未跟她提過將來。他帶著她跟朋友們一起玩，一起旅行，去酒吧，去吃遍各地美食，在節日送花給她，在睡前、醒來給她簡訊、電話噓寒問暖，對她說過無數次「我愛妳」。

但是，一年過去後。他說，他要去相親了。

晶晶還沒來得及反應，他自己就先像受了極大傷害一樣，抱著她一邊哭一邊說自己真的是逼不得已，說自己年少時談過一場不顧一切的戀愛，當時跟那女孩私奔，結果他媽媽竟為此自殺，所以他再也不敢不聽父母的話。

故事聽起來很悲壯，但晶晶思忖著：「你從沒帶我見過你家人，也沒試著讓我走進你家門，怎麼就如此確定我們不會有結果？」

當然，這樣的話，她不想說出來，自尊心還是很重要的。趁某天得了個空檔，她獨自去了李波的老家，車子在附近繞了一周，問起熟識當地的司機哪個是李波的家，司機指了指村裡最豪華的那幢別墅。

遠遠見到富麗堂皇，院落外長滿綠色植物。晶晶的心頓時涼了。原來，用不著自己追問，李波也曾婉轉說過原因。說穿了就是門不當戶不對，最重要的一點是，當地人不喜歡娶外地女人。

但是，李波他怎麼能連嘗試一下都不肯？不管怎麼說，看著李波每天憔悴難過的樣子，晶晶似乎也沒有別的好辦法，只好反過來安慰李波順從家人安排，自己過陣子也會辭職回家鄉找工作。

李波有說不完的對不起，讓晶晶真的相信他愛的是自己，但實在是沒辦法違逆家人。可是，某天跟李波的朋友單獨碰面時，晶晶刻意又或無意地問起李波相親和結婚的事。那朋友問：「你倆分手了？」晶晶點頭，說自己也要回老家了。

結果那朋友說：「看來妳還真是通情達理，理智得不得了。我們還擔心，如果妳知道李波娶的是他前女友，會跟他鬧個沒完呢……」那朋友之後還說了什麼，晶晶一個字也沒聽進去。果然，愛得不夠，其他的話都是藉口。

見招拆招

愛情裡所謂的「逼不得已」，除了生死離別，其他的不過都是每個人為了平息這場戰事而安排好的臺詞。如果真的愛一個人，妳會發現現實問題並沒有那麼複雜、那麼可怕，因為你們會積極去面對問題、解決問題。既然面對了，既然說好不分開了，那麼任何現實問題遲早都能解決。

所有的分手都有理由，而那些打著還愛妳的幌子，用現實壓力提分手的人，都是懦弱不敢擔當的人。他們對別人的說辭大概是怕傷害某個人，才用善意的謊言去安撫對方。其實，他們只是自私地想安靜走開，不留後患。最好還讓對方對自己念念不忘，惦記一生。

所以，別對我說你逼不得已，真相、真話也許會如利劍一般穿透我的胸膛，但我不要自欺欺人，寧願被你變心或從未愛過的殘酷事實刺破胸膛，然後流著血等那傷口結疤，從此不再想起你。

他手機裡有空白號碼？

疑點

他最近好像很在意手機，一響就接起來，一接就說打錯掛斷。當妳保持警覺察看，卻發現打來的是陌生號碼，空白，沒有名字備註顯示。看來，是自己多慮了吧？

線索

遇上這樣的男人，當妳第二次、第三次，一再發現這樣的情況時，還會相信他嗎？有人會用同一個空白號碼，一再打錯同一個號碼嗎？

西玲說男友Adrian最近手機一響就接起來，以前從不見他這麼愛接電話。

我馬上表示好奇，腹黑地問：「是不是有問題？所以怕妳搶接電話？」西玲瞪著我說：「妳不會天天盼著我分手吧？」我表示慚愧。其實我只是對現在的男人太敏感，他們一點小舉動都會引起我的懷疑。

這是一種病，但這種病輕微點能幫妳保持警覺，並非全然不好。說什麼糊塗一點、傻一點才幸福這種話的人，最後都是被人賣了還幫忙數錢的。頂多有人同情妳善良，但結果仍然是落得被拋棄的下場。

所以說，有動靜要趁早，發現問題也趁早，要麼揪出來一起解決，要麼有苗頭就阻止繼續發生，要麼就是對已經發生、不可挽回的一刀兩斷，重新再來。總之，這是個高速發展的年代，**什麼都講究快的話，那分手當然也得趁早了。**

西玲聽了我一番「歪理」，居然也表示認同，於是詳細說了關於Adrian手機的問題，說他接起來很快就說：「啊，打錯了。」然後就掛了。

就這樣？我覺得有點納悶。要不就是這男人在等某人的電話，接起來發現不對就掛了，也說得通。

西玲說：「我得再觀察一下。哪有那麼多打錯的電話？怎麼就不打到我手機來？再說，他在等誰的電話呢？」

幾天後，西玲打電話給我，語氣明顯很失落。她說：「我發現他接起後說打錯的電話，其實是同一個號碼。」

我問：「是誰呢？」

西玲說：「沒有標示名字的空白號碼……」

果然，不是那麼簡單的打錯，也不是在等誰的電話，而是在那電話打來時，必須搶先接起來說打錯了。然後委屈對方一下，等會再回撥過去，或是第二天再行解釋，抑或是兩人早就商量好，不方便時就接起來說打錯了。

西玲用自己手機打了那個號碼，怎麼打對方都不接，似乎是有了防備。再用公用電話打，也是不接。真是滴水不漏，於是拿去電信服務處假裝繳話費，才得到手機主人的姓名。

一個美麗的女人的名字，一個西玲也熟悉的名字，是Adrian的大學同學，西玲當初看Adrian的舊照片時，就對這個一眼看上去很特別的女子感興趣，所以問起。當時Adrian說：「這是我們班花。」接著便說了名字。

西玲覺得危機四伏，這個不一樣的女人就像什麼地下組織成員一樣，不知什麼時候跟Adrian接上了頭，還搞得這麼神祕，電話都不敢正大光明秀出名字，明顯有問題。算了，直截了當問是最快的辦法。

於是西玲假裝借用Adrian手機，然後假意查號碼，接著問：「你怎麼存一些沒有名字的號碼呢？會記得是誰嗎？」

Adrian表情尷尬，當西玲說出那個名字時。男人立刻惱羞成怒，說：「妳居然暗地裡調查我？」西玲說：「也比你背著我出軌變心好吧？」

不歡而散後，西玲才知道，Adrian跟那同學早就交往幾個月了，不過就是等個導火線引爆和西玲分手的契機，雖然心裡像爬滿螞蟻爬一樣難受，西玲還是咬著牙把這男人的號碼刪除了。

西玲並不認為自己的不信任有錯，**我信任你是有條件的，建立在讓我能感受到你的愛和你的尊重上**。你若破綻百出而我還信任你，那不叫信任，叫裝傻。你若不肯說出來，就只好由我自己來挑明，也許是成全你的離開，也許是成全我的退出和重生。

見招拆招

愛情無非分分合合，那些情份往往脆弱得不堪一擊。跳出一個老同學就抵擋不住誘惑，就要偷偷苟且來往的男人，自然是不用珍惜的。哪怕他對那舊人一往情深是真心的，也不值得妳苦苦裝傻守護這份感情。他或許是不夠愛妳，或許也會見一個愛一個。

總之，真正愛妳的人，會給妳很多讓妳可以信任的表現和理由。否則，我憑什麼信任你？既然你不夠愛我，又憑什麼腳踏兩條船，浪費我的大好時光？

為什麼嫌妳太在乎？

疑點

初談戀愛時，他處處順著妳，任由妳詢問他行蹤和行動，甚至還會主動向妳報告。直到某一天，他突然開始嫌妳太在乎他了，愛情裡不是巴不得對方在乎自己、黏著自己嗎？原來，他是需要更多的自由時間去應付別的人、別的事。

線索

那麼，那些事是公事嗎？是必須的嗎？看清他為什麼嫌妳太在乎吧！那樣，妳就可以不那麼在乎他了。

Q

雪兒自小父母離異，對於愛情，她是有些懼怕又沒安全感的。斷斷續續談了幾次戀愛，都無疾而終。她將這歸究為自己不夠喜歡對方，所以就算分手、放棄也不在乎。她一直在等那個她在乎的人出現，直到遇見小皮。

像浪漫的愛情電影一樣：只要一眼，心跳便如小鹿亂撞，就能確定那是愛了。小皮的出現，讓雪兒感覺到真愛的悸動，於是主動迎上去爭取。雪兒是個可愛又美好的女人，跟優秀的小皮站在一起，算是珠連壁合。

兩人就這樣成了戀人。

一晃眼幾個月過去了。愛情最初的盲目和激情漸漸褪去，熱情淡了，眼裡逐漸看到了不滿，比如雪兒嫌小皮工作太忙，沒有時間陪她。剛認識時，小皮會千訪百計抽空發簡訊、打電話給她，會想方設法趕完工作來陪她，就算偶爾實在忙到無法見面，雪兒也會乖乖地說沒事，寬容大度地當個體貼懂事的好女人。

現在，雪兒經常在我們面前抱怨小皮沒時間理她，開始有了失約後的第一次吵架，小皮事後買了花和禮物來賠罪哄她，直到她破涕為笑為止。可雪兒生氣發脾氣的次數越來越多，而且不再只是因為小皮遲到或失約。

雪兒說，同行有女伴時，小皮總是會對那個最漂亮的多看幾眼，對待人家也更殷勤。而且，她還發現小皮下班後，LINE上跟他聊天的朋友以女性居多，手機裡隔幾天就會增加新的女性聯絡人，有時小皮說是重逢的老同學，有時說是新認識的、業務方面有聯繫的客戶，再後來，雪兒又發現小皮不再向她彙報哪一天要出差，哪一天去哪裡工作，以及地點事件和同行的人員。這些，以前小皮都會主動向她提及。當然，現在公司聚會之類的事，小皮更不會跟雪兒提起，雪兒還發現他車裡曾落下女人的圍巾，小皮解釋只是讓女同事搭順風車而已。

諸如此類，小皮認為那都是雞毛蒜皮，不過是些無法杜絕的正常社交和必要的男女聯絡。小皮認為雪兒管的太多了，開始嫌她煩。雪兒委屈地說：「我是太在乎你才會這樣敏感。否則，我才不管你跟誰來往、如何生活工作，去哪裡做什麼呢！」

小皮不以為然地說：「要是這樣，妳不如不要在乎我。這樣的在乎讓我覺得很累！」

雪兒跟我們提及，一臉哀怨。她一次又一次帶著懷疑的口吻問我們；「我自己是不是真的錯了？」

原本按我想來，愛一個人的確不能對他太在乎，妳的在乎可以放在心底，可以照料他的生活，關切他的心情，但不能不給他私人空間。可是，雪兒也不是沒給小皮空間，而是因為看到了敏感的事件才發生了摩擦。

這樣一來，就不得不在乎了，而且應該叫在意，畢竟別的女人的圍巾都掉在你車裡了，還不能生氣？不能有疑問？

如果小皮再嫌雪兒太在乎他，就有點太過分了。其實戀愛中，不管男女，一個人只有真的在乎你才會吃醋，才會在意你跟別的女人有交集，才會胡思亂想害怕失去。

可是小皮一開始是口頭嫌雪兒麻煩，嫌她太在乎。幾個月後，便以雪兒不尊重和不信任他為由，提出了分手，一味指責雪兒對他的在乎讓他很疲憊，還說：「如果妳不要那麼在乎我，或許我們還不會這麼快走到盡頭。」

雪兒在朋友面前哭得稀哩嘩啦，說自己以後是不是應該不要那麼在乎男友。大家安慰她，這次一定是小皮有問題，他說的那些話肯定只是藉口。真心喜歡一個人時，若不在乎對方去哪裡做什麼，那才不正常呢！

所以，當雪兒發現小皮沒幾天就跟另一個女同事出雙入對、卿卿我我時，才恍然明白，**不是因為自己太在乎有錯，而是那人不想被某一個女人束縛**。看來，自己的太在乎也起了作用，至少早一點嚇跑這樣的男人，不至於一直被他當成備胎擱在那裡。

見招拆招

其實，在乎自己的男人是對的，只要妳的在乎適當合理。若是無理取鬧，那他們真的會覺得累，變得沒有耐心，也增加失望。但是，適當地表達妳的在乎並沒有錯。雪兒在乎的那些片段，只是像消費者在維護自身權益一樣：你是我的男人了，怎麼可以還有那麼多蜂蝶招來惹去，就算還沒有暴露不倫關係，是否也應該收斂一些？

所以說，有些男人嫌女人太在乎，只是因為他們並沒有愛上妳。不會因為妳而收起他的花心，也不會因為妳捨下一堆蜂蝶的招引而有什麼改變。如果妳不太在乎他的那些曖昧行為，他便覺得多妳一個女友不多，可是妳一旦在乎了，他就會覺得少妳一個這樣的女友不少了。

當有人嫌妳太在乎他時，請提高警惕，真正愛妳的男人，巴不得妳時時在乎他呢！

真的是他配不上妳嗎？

疑點

他跟妳的戀情一開始就不被看好，但他跟妳一同經歷了親朋好友的責難後，還是堅持了許久。可是有一天，他開始對你們的未來提出懷疑，說自己配不上妳，並且終有一天，他以「配不上妳」為由放棄了妳，離開了妳。

線索

這樣的男人，他是真的覺得自己配不上妳，還是因為他又配上了別人？或是又有別人更配得上他了呢？

Q

Coco跟男友Asa相戀兩年，一開始雙方父母都不同意，因為是遠距離戀愛，又是姊弟戀，加上Asa家境不好，是個一窮二白的青年，Coco多少也有些猶豫……

不過，當時的那一點遲疑敵不過她對他的愛，所以無怨無悔地跟著Asa去了他的家鄉。

兩人一起面對來自親人朋友各方面的精神壓力，也一起面對了一無所有的生存壓力。在小小的出租套房裡，他們用自己的全心全意撐起了這份愛情，同甘共苦的歲月裡，有過不少難以想像的艱難困苦，但因為深愛著對方，一切都不成問題。

慢慢地，感情趨於平淡。好不容易在一起的兩個人，彼此漸漸有了怨言。Coco開始嫌生活仍沒有改善，開始思念父母、家鄉，於是當遠房親戚打電話來，說自己開了公司需要人手時，Coco便跟Asa商量先去賺點錢再相聚，到時有了本錢，就可以一起開個小店做生意。

Asa雖然有些不捨，離別彼此也有淚水，但Coco少了當初的遲疑停頓，Asa也少了堅決挽留，於是很快天各一方。最初一個月裡，兩人聯繫還算頻繁，第三個月時，Asa要求Coco回去，言辭有點欲言又止的味道，Coco工作正做得得心應手，於是狠心拒絕。

再隔一月，當Coco生病想起Asa的雨夜裡，才發現兩人好多天沒聯繫了，而上次聯繫時，好像也只說了幾句無關緊要的話。Coco撥電話，一直無人接聽。第二天再打，Asa接起來，Coco問起前夜沒接電話的事，Asa說自己睡得太熟，沒聽見。

但此後經常如此，Coco也不得不開始懷疑。然而她還未開口提出疑惑，Asa已發來簡訊提出分手。理由是自己其實一直很自卑，覺得配不上Coco，表示Coco有學歷，本可留在大城市有份體面的工作，跟他留在鄉下實在太委屈了。加上Coco現在的工作看來也做得不錯，所以自己決定退出算了。

聽起來都是為Coco著想。可是Coco卻覺得心寒不已，的確，當初自己是不顧Asa一無所有跟他走了，但兩人從來不說配不上之類的話，如今聽Asa說出來。心裡一陣陣涼意浮現，只好什麼也不說，默默掛了電話。

她覺得Asa這些年應該承受了不少壓力，所以，他現在想放棄，也是情有可原。

想了很多，Coco卻沒想到Asa是有了別人。當Coco跟我們說起這事時，大家都覺得才沒那麼簡單。提出分手的人，找來的藉口聽起來都很像一回事。**但真相呢？需要自己去驗證，而不是只聽他說。**

因此，Coco請Asa當地的朋友打探了一番。朋友出入Asa住處和上班的地方，沒幾天就發現他已經跟他老闆的女兒在一起了，何來配不上之說？那女人也算富家小姐，大學剛畢業，Asa不過是以一張花美男般的俊臉，迷惑了不諳世事的小女生罷了。

見招拆招

分手時說的話，若不是兩人彼此都有意，那麼一方的措辭就多少會讓人覺得虛假。當愛還在時，兩人都覺得所有問題都不是問題，而當某一方不愛了，就會找出許多原因和問題來。比如這兩人的情況，異地戀有困難，經濟不穩定是困難，父母親人不看好的戀情更是困難。彷彿隨口一說，就有千難萬阻橫在兩人之間。看來，也只有分手才是對彼此更好的結局。

男人有時並不提及這些現實困難，而是把女人高高捧在雲端，說我搆不著妳了，只好沮喪地放棄，只好退出，成全妳在雲端的幸福。男人提出分手時，喜歡用這樣的低姿態，口口聲聲說「我其實是為妳好」。

聽到這樣的分手臺詞時，不要信以為真，相信他真的覺得自己配不上妳，或是覺得自己真的比他優秀太多，所以他知難而退，傷心難過地放棄妳這枝玫瑰。

其實，最直接、最簡單的原因，就是男人有了新歡。然後，他才會用極平靜、平衡的心態放低自己的身段，對妳說他很差，配不上妳。其實，他可能從來沒想過配不上妳，甚至會覺得妳跟他的新歡比起來，是妳配不上他了。

為何雲淡風輕的總是他？

疑點

妳想離開他回到遙遠家鄉去看妳的親人，妳怕他捨不得妳，妳也捨不下他。可是他卻輕描淡寫勸妳去吧。妳以為他負氣，所以繼續堅持，一邊憂傷地陪在他身邊。可是他卻突然變心要趕妳走。妳發現，曾經說會永遠愛妳的他，此刻竟是如此陌生。

線索

他一副雲淡風輕的樣子，彷彿你們從未相愛過。他是否真的不曾愛過妳，或是不會再愛妳了？

Q

眉子跟江城一開始是遠距離戀愛，後來眉子離家跟隨江城一起生活，江城對眉子的好，眾所周知。可是愛只是簡單一個字，現實生活卻充斥著很多負面的、對愛不利的詞彙。戰勝一些，永遠還有另一些。雖然眉子還待在江城身邊，但總感覺自己隨時都要離他而去。

儘管眉子經常這樣想，卻一直狠不下心離開。她想家，想家鄉，想父母。每次想回去想得心痛，卻還覺得要節約開支，因為她跟江城賺的都不多，生活拮据，所以，她不斷壓抑自己想回家的想法。但是江城卻不以為然，經常說：「妳想回去就回去啊！妳走了我更自由，想幹啥就幹啥，玩遊戲也沒人催早點睡覺，跟朋友喝酒也沒人囉嗦，多好！」

眉子聽了心裡不舒服，找我聊天：「妳說江城是真愛我還是假愛我啊？為什麼老是趕我走呢？**難道我走了他都不會想我，不會不習慣？**」

說起來，我也不知江城為何總是這副態度，是天生樂觀？還是對眉子假情假意？

雖然這樣懷疑江城，但眉子並沒真的離開。不過眉子還是愛看窗外高遠的藍天，眼神也總是憂鬱的。看電視裡的親情節目時，總是淚如雨下。她在狹小的出租套房為江城做飯洗衣時，總是沉默的。她給他的笑，總是隱忍又悽楚的。

就在眉子如此難過糾結的時候，江城卻出軌了。真是驚人，眉子頓時覺得自己從前為了這個男人離開家鄉，那些埋在心底的煎熬有多麼不值得。她哭得滿臉是淚，幾天不肯吃飯。江城卻沒有反應，還說：「好了，妳現在不是可以回家去了嗎？」

眉子那時心裡都是怨念，果然收拾行李回去了。回家後的眉子有父母的呵護關愛，有家鄉的那種踏實感，工作也由親戚介紹安排妥當。她胖了些，臉色紅潤，笑容也多了。照片裡有跟父母團聚時的歡樂，跟朋友出遊時的快意，言談也流露出輕鬆和愉快。

當大家都在慶幸眉子過得比以前開心時，卻有個朋友問：「江城真的那麼沒心沒肺啊？他現在怎麼樣了呢？」

眉子低聲說：「他現在過得很好，有了新女友，當地人，善良賢德，對他很好，聽說快要結婚了，這樣我也放心了……」

看著眉子在網路上找出江城跟新女友拍的親密照片，大家不禁懷疑眉子跟江城那些年是不是值得。這麼快出軌，這麼快提分手，這麼快就要結婚了。難道他對眉子就沒有一點不捨？

有朋友心裡不平，便去江城最好的哥兒們那裡打聽消息。得來的答案是，江城在眉子走後，渡過了一段十分頹唐的時期。但是，他知道只有兩人分開了，才能讓眉子快樂起來。眉子那段放不下他又放不下父母的日子，過得很不快樂。所以，他輕描淡寫地激她回家，雲淡風輕重新談戀愛，並且很快結婚，也是為了讓眉子能安心踏實，全心投入新生活。

說起來，分手的理由應該是愛的不夠。但江城說他是真的愛眉子，只是，他發現眉子並不像自己愛她那樣愛自己。所以，他只好放她走，儘可能讓她不要愧疚。

是的，有時候，我們並不是真的多愛一個男人，更多的可能是責任，是依賴，是習慣。若現實問題不能解決，兩者就會產生衝突。在一起變成了一種負擔，而無緣無故分開又談何容易。

這種時候，有一種真心愛妳的男人，會一心為了妳好，他們會照著妳期望的方向去行動。比如讓妳覺得他什麼都無所謂，比如讓妳覺得他沒有妳也可以過得很好，比如讓妳覺得他離開妳、失去妳，都會雲淡風輕。

見招拆招

當妳遇到這樣的男人，不要輕易相信他們做的事，說的話。那些刺傷妳、刺激妳離開放棄的話和事件，極有可能是他設計出來的。因為看妳過得不開心，他們會覺得自己的愛變成一種負擔，為了減輕妳的負擔，他們甚至會試著去愛別人，好成全妳，不讓妳為難。

這樣的男人，妳要確定自己是不是真的放得下捨得開。雖然說愛情裡有時需要一種說變心就變心的豁達，但遇上一個能如此為妳著想的男人，那也不是常有的事。或許妳事後才發現，自己其實還是深愛著他。

暫時分開為哪樁？

疑點

他從事有些危險的職業，妳為他經常擔憂，他卻安慰妳不會有事。妳坦然與他相愛過日子，可是有一天，他卻告訴妳出事了，要妳暫時離開，給他一段時間來處理。妳含淚走了，為他擔憂，日夜思念。當妳有天覺得他對妳變冷淡了，回來看他時，卻發現原來妳從前為他所受的煎熬，全都白費了。

線索

想知道在妳離開後，他都在幹些什麼嗎？

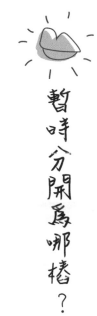

Q

小嫡的男友林東在一間地下賭場做事，當然，在認識之前，林東還是個守本分的好青年。後來日子不好混，不知怎麼的，被朋友介紹來介紹去，就混到這一行裡了。

小嫡雖然不太放心林東跟這些人混，但又無能為力，想勸阻也勸不了。看著小嫡擔心，林東便經常安慰她：「不過就是在裡面幫忙收收檯費，放放款子，沒事招呼一下來去的賭友，沒有什麼大事，不用那麼緊張。」

一般女人都會這樣，只要自己愛著的男人沒有在感情上對不起自己，那麼她就會默認他在生活裡的一些壞習性或壞脾氣，抑或是壞的行為。**當然，也有一種嫁雞隨雞的無力感**。

所以，小嫡任由林東一直在賭場裡做事，不可避免的，有時也會有些小衝突，打個架什麼的，偶爾林東回來臉上身上有點擦傷，不過每次還沒等小嫡開始嘮叨擔心，林東就笑著打圓場，輕描淡寫說自己沒事。

時間久了，小嫡也習慣了。看上去林東也的確沒什麼大事，便也放下心來安穩過日子。

可是最近小嫡告訴我說，林東看起來憂心忡忡，追問他是不是遇上什麼事了，總是欲言又止。再問下去，林東就說：「的確是遇到了點事。惹上當地的小頭目，他們要找我麻煩，我本不想告訴妳，可是怕人家找到妳，連累妳……」

小嫡一緊張，林東就順勢說：「不然，妳先回老家待一陣？或是去別的城市住一陣？等事情平息了，我再接妳回來。」

小嫡不想走，覺得自己跑掉留下林東一人，要是發生什麼事會沒人照顧他，應該要跟他共進退才對，不能當逃兵。可是林東說：「但他們要是找到妳了，妳就成了威脅我的人質，我反倒不好辦事了。」

聽林東說到這一步，小嫡彷彿也沒有退路了。為了不給林東添麻煩，又或是像林東說的是為她好、關心她，小嫡只好辭了工作回老家。

一個月過去了，小嫡在網路上跟我聊起林東的事，林東一直說事情很麻煩，很難處理，為了避免危險，所以極少跟小嫡聯繫，而且不能讓人發現他有女友，所以要求小嫡不可主動找他。不過林東也承諾，一旦情況許可，他就會聯繫她。

我越聽越覺得不對勁，這可是現實生活。難道港片裡的情節就真實地發生在我們身邊？我們的朋友身上？

林東不過是在小賭場打個雜，哪來那麼複雜的事件。這小子十有八九在編故事。跟小嫡這樣說起，她也覺得的確有點不對勁。林東從前總是安慰她沒事，怎麼突然就變成主動說有事了，還將她打發得那麼遠，莫非是方便他背後做什麼對不起自己的事？

小嫡這樣一想，匆匆就趕了回去。也不聯繫林東，只是悄悄去他做事的賭場探情況，因為不方便進去，小嫡在門外蹲守到晚上，見到林東出來，跟一中年婦人上了車，小嫡攔車跟了去，那兩人去了一處高級社區，手挽手進了大門。

原來，林東在賭場認識了個富婆。那女人離了婚，手頭有點錢，她看上林東，提出想跟林東合夥開家賭場，讓林東來負責。目的當然很明確，林東一時鬼迷心竅，便想著把小嫡先打發走，花一段時間來搞定這女人再說。

說起來，林東沒有直接跟小嫡提分手，對小嫡還算是有情有義，並不想失去她，所以想要暫時分開一段時間，之後再將她接回來。

男人大概也都如此，想要一件新的東西時，覺得手頭那舊的也還不錯，就不會扔掉，找個地方藏著、收集著，待新的得手後，或是達到目的後，再決定最後確定要哪一個。若女人迷迷糊糊太信任他們，有可能被擱置、分開一段時間後，又被他們以愛之名接回去。另一種可能就是他們對新的女人產生了更強烈的感情，或是覺得更合適、更好，那麼，那被擱置而暫時分開的人，等來的就是一個新的分手藉口了。

見招拆招

跟這樣的男人，當然用不著討論什麼希望他看清真相，最終選擇自己了。要做的是早一點發現他的意圖，不要耽誤自己的人生。為這樣的男人等待，並以為他愛著自己而倍受相思煎熬，才是最不划算和委屈的事。

所以，當一個男人說「我們暫時分開一段時間」時，想一想，真的非要那樣嗎？真的愛妳的人，應該只有一個目的和想法，那就是兩個人在一起吧！

他真的希望妳幸福，還是？

疑點

他與妳門不當戶不對，但你們一意孤行，為了愛情，覺得堅持也是一種憂傷的美好，可是妳還沒有想過要放棄，他卻先放棄了，理由是為了妳能得到幸福。

線索

如果離開愛的人是幸福，那麼，離開這個不再愛妳的人，也算是一種幸福吧！

莫莫跟男友相戀三年，年紀也到了談婚論嫁的時候，家人催得急，特別是莫莫這邊。可是兩家父母好像有些上一輩的過節……

Bancroft的父母希望Bancroft能娶別人家的女兒。總之，從現實面看來，他們並不登對，所以兩家人都不支持他們的戀情，時常潑冷水。

莫莫的父母說，並不是嫌Bancroft如何，只是覺得他這個人個性不定，華而不實，看起來是有宏圖大志，事實上卻是光說不做，眼高手低。

莫莫卻不這樣認為，她覺得自己瞭解Bancroft，看得到他的內心和本質，所以不肯離棄，也不顧兩家父母反對。好在Bancroft也一樣很堅持，並沒有因為女友的父母不喜歡自己就甩開她不理。

可是兩人這樣一直拗著家人，在外像地下情一樣地談戀愛還行，但要落實到婚姻上，Bancroft也有點不知如何是好了，因為莫莫父親身體不好，催著她快嫁，不時要求相親或是請人介紹新對象給她，Bancroft也開始沉不住氣，有些怨言了。

有時他生氣起來就說：「妳要真愛我，就跟我私奔好了，我們找個地方住下來，再生個孩子，生米煮成熟飯，不就得了。」

聽Bancroft這樣說，莫莫心裡倒很安慰，畢竟他還是在乎自己、捨不得放棄自己的。但是莫莫又覺得不能這樣做，太對不起父母了。左右權衡，為的是希望父母終有一天能接受Bancroft。

最近Bancroft顯得很消極，經常對莫莫說：「妳順從他們安排嫁了吧！這樣妳也不用跟著我受苦，跟著我也不會有多幸福。如果硬是嫁給我，妳心裡又會覺得對不起家人。」

說一次兩次，莫莫心想是Bancroft發發牢騷罷了，但後來Bancroft好像當了真，越說越真切。莫莫也有點動搖，來問我們自己是不是應該放棄？也許分開的確對兩人都好。

只要想到Bancroft那些動情、傷感的告別話語，什麼希望她幸福、只想保護她一切安好之類的，莫莫就掉眼淚，看樣子兩人勢必要分開了。可是莫莫久久回不了神來，跟大家一起聚會時，也總是鬱鬱寡歡。

我們擔心她這樣下去，哪有幸福可言。**歸根究柢，還是忘不了心裡那個舊人。**

於是有人玩笑地說：「莫莫，妳的Bancroft是不是真的希望妳幸福才放棄妳的？」

莫莫乍聽叫道：「這是什麼話？」

靜下心想想，的確，自己太信任他，他說什麼是什麼，什麼都尊重、都遵從。他一開始那麼堅持，怎麼說放棄就分開了？是不是也應該打探一下他現在什麼情況？

原來兩人一分手，Bancroft就離開家了，對莫莫的說辭是不想留在傷心地，去外面打拚幾年再說，要她好好嫁個穩定踏實的人，不要再惦記他。

莫莫輾轉找到Bancroft以前的哥兒們，對方也只是說Bancroft去外地工作了。後來莫莫只好請這傢伙去喝了一晚的酒，酒後，這傢伙才在莫莫的誘導下說溜了嘴。

原來Bancroft在跟莫莫分手時，是因為高中的初戀情人回來了，兩人有了聯繫，兩家父母也有交往，後來一拍即合訂婚了，為了怕莫莫糾纏，便先一起去外地工作了。

這個結果有點戲劇性，原本莫莫應該覺得傷心，卻突然釋懷了。原來自己苦苦擔心的人，跟本就不是多高尚地為了她好，只不過是為他自己好罷了。

見招拆招

實話說，很多女人對某些男人念念不忘、放心不下，其實，地球沒了誰一樣會轉，愛情也一樣。愛得死去活來的人，某天真的分手了，妳覺得他一定活得生不如死、痛不欲生，有可能他早就左擁右抱、喜笑顏開了。

妳背負內疚、擔心、懷念、不捨，甚至思念的煎熬，走不出從前那段幸福的時光，結果卻發現，不過是自己一個人在耽溺而已。所以，情話好聽，也只能聽聽罷了。不要當真，若非要覺得是真的，那就去懷疑和驗證一下再當真。

畢竟，我們的青春、我們的愛情，經不起浪費，也經不起這般無辜的被戲耍。

國家圖書館出版品預行編目 (CIP) 資料

讀愛：從新手到達人的愛情修習課 / 萱小蕾著 .
-- 第一版 . -- 臺北市：樂果文化出版：紅螞蟻圖書發行，
2016.01
面； 公分 . -- (樂繽紛 ; 29)
ISBN 978-986-92619-4-4(平裝)

1. 戀愛 2. 兩性關係

544.37 104028973

樂繽紛 29

讀愛——從新手到達人的愛情修習課

作者／萱小蕾
總編輯／何南輝
責任編輯／王怡之
行銷企劃／黃文秀
封面設計／張一心
內頁設計／菩薩蠻數位文化有限公司

出版／樂果文化事業有限公司
讀者服務專線／（02）2795-3656
劃撥帳號／50118837 號 樂果文化事業有限公司
印刷廠／卡樂彩色製版印刷有限公司
總經銷／紅螞蟻圖書有限公司
地址／台北市內湖區舊宗路二段 121 巷 19 號（紅螞蟻資訊大樓）
電話：（02）2795-3656
傳真：（02）2795-4100

2016 年 1 月第一版 定價／ 260 元 ISBN 978-986-92619-4-4